駅弁女子

日本全国旅して食べて

なかだえり

淡交社

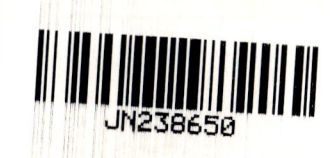

駅弁、それは郷土の食文化を詰め込んだ小宇宙！

日本人ならではの美学と愛に満ちている。

食べれば風土、食材、文化、旬、はたまた人柄まで伝わってくるようだ。

おいしいかどうかだけでは語れない。

旅先の土地を知り、愛するための手がかり。

駅弁を旅の目的にしたっていいじゃない。

その出会いに感謝して、今日も一弁入魂！

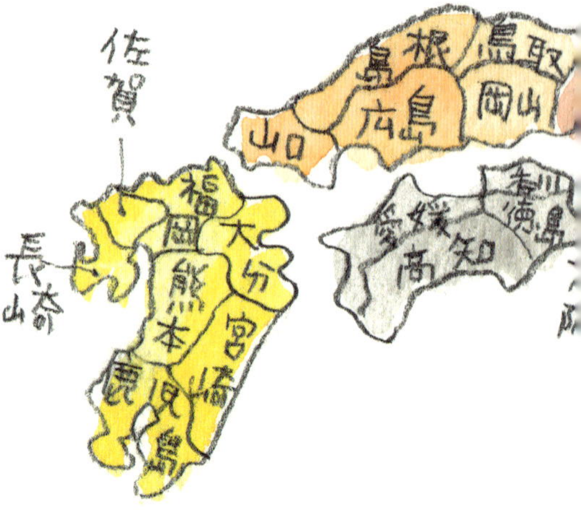

北海道
青森
秋田
岩手
山形
宮城
新潟
福島
石川
富山
長野
群馬
栃木
埼玉
岐阜
愛知
静岡
千葉
三重
東京
神奈川
沖縄

もくじ

コラム

本書のデータは2013年3月現在のものです。
商品情報は変更されることがありますのでご了承ください。
商品の価格は特に記載のない場合は消費税込みです。

駅弁女子の大好き駅弁10選

せっかくなら味、見た目、郷土色、
三拍子揃った駅弁を食べたい。
わたしも好き、きっとみんなも好きなのを
選んでみました。

シウマイ弁当

神奈川県・横浜駅／関東一円

駅弁売り上げナンバーワン
定番中の定番弁当

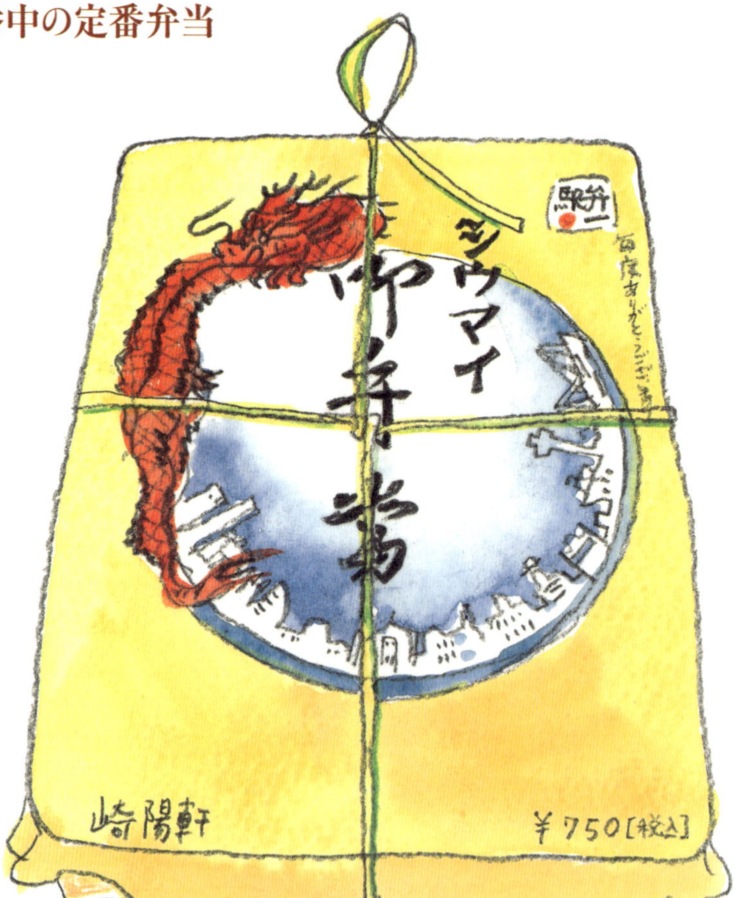

創業は明治41年。横浜駅（現在のJR桜木町駅）の4代目駅長だった久保久行が、退職後に始めた駅売店からスタート。出身地長崎が中国人から「崎陽」と呼ばれていたことから崎陽軒と名付けた。

シウマイが誕生したのは昭和３年。冷めてもおいしく、揺れる列車内で食べやすい一口サイズのシウマイは、発売以来、変わらぬレシピ。豚肉、玉ねぎ、グリンピース、干帆立貝柱と戻し汁。調味料も塩、胡椒、砂糖、澱粉、たったこれだけ。電車が動いている間は買えるようにと、早朝４時から製造を開始し、６時には駅売店に並ぶ。駅弁の鑑《かがみ》のようだ。横浜工場のハイテクロボットがつくるシウマイは、実に一日80万粒！

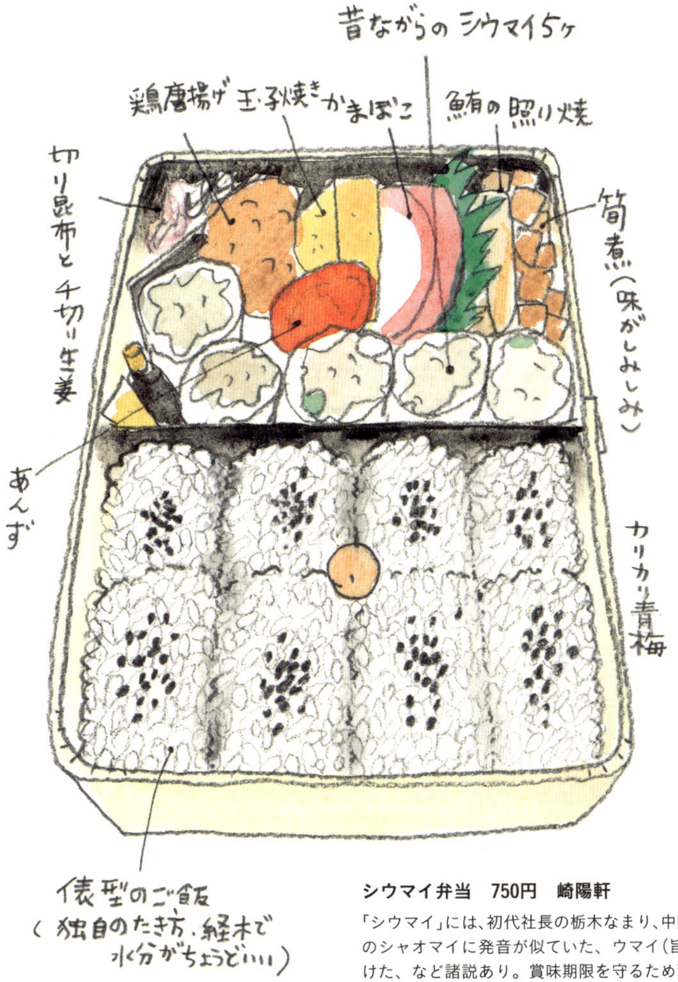

シウマイ弁当　750円　崎陽軒

「シウマイ」には、初代社長の栃木なまり、中国語読みのシャオマイに発音が似ていた、ウマイ（旨い）に掛けた、など諸説あり。賞味期限を守るため西限は八王子市、東限は千葉市、北限は大宮市。神奈川県には直営店だけで約100店舗もある。横浜駅では直営店やキヨスクなど約15店舗で扱っている。

復古だるま弁当

群馬県・高崎駅

一日30食限定！
瀬戸物容器の
いかめしい顔つき

赤いプラスチック製の容器がよく知られる「だるま弁当」。平成18年から発売当時の昭和35年版を再現した「復古だるま弁当」が販売されている。赤プラ版は高崎だるま発祥の地「少林山《しょうりんざん》達磨寺《だるまじ》」の普茶（精進）料理がベースで、山菜中心の素朴なお弁当。復古版は中身を一新して、牛肉の時雨煮や地鶏のつけ焼きなどがメインの食べごたえのあるお弁当に。容器の迫力、味と食べごたえ、値段を考えると、断然復古だるまを買うべし！

だるま弁当　900円
高崎弁当

昭和48年発売。貯金箱になるよう口が開いているのが、ちょっとマヌケ!?　こちらヘルシー好み。ほかに「ハローキティだるま弁当」(900円)も。

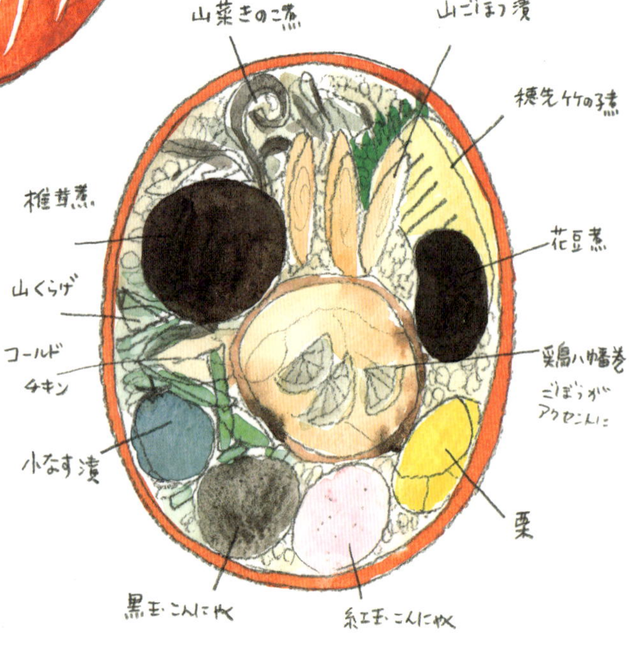

山菜きのこ煮
山ごぼう漬
穂先タケの子煮
椎茸煮
花豆煮
山くらげ
コールドチキン
鶏八幡巻
ごぼうがアクセントに
小なす漬
栗
黒玉こんにゃく
紅玉こんにゃく

復古だるま弁当
1300円　高崎弁当　要予約

一日限定30食というのは土日祝日のことで、平日はその半分くらいの数しかつくっていないという。それを高崎駅の在来線ホームと新幹線改札横、改札を出た目の前の3カ所の売店と、上信越道横川サービスエリアに分配するのだから、めぐり会えたらラッキー。高崎弁当は明治17年創業、かなりの老舗だ。

(群馬県産ひとめぼれ)
茶飯
牛肉の時雨煮(上州牛)
ごはんがすすむ味
地鶏のつけ焼き
(榛名地鶏)
メイン!
おいしい!!
香りと食感よい
舞茸の含ませ煮
(高崎産)
舞茸のワサビ和え
(自社製)
花豆のふっくら煮
(中之条産)
うずら塩ゆで
(群馬県産)
キンピラ風煮物
(群馬県産)
上品な甘味
コンニャクの赤玉作り
(下仁田名物)
フキの煮浸し
(片品村産)
素材の味ひきたつ
やわらかい

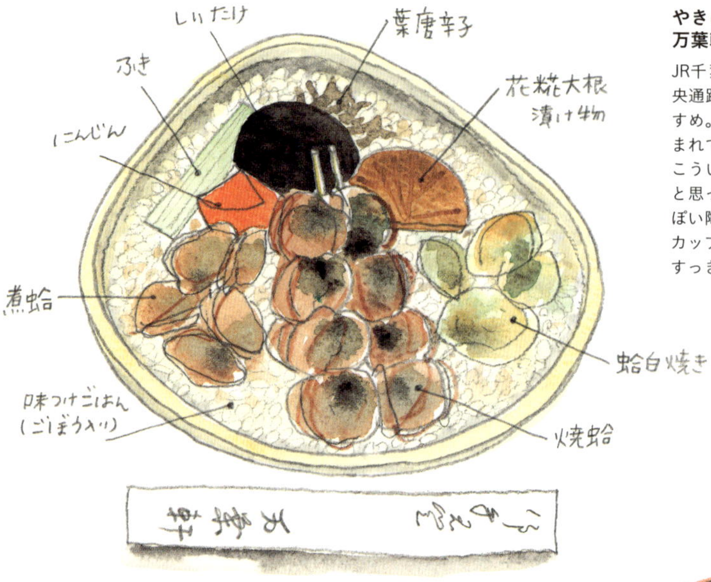

やきはま丼　1100円
万葉軒

JR千葉駅売店の東口・中央通路が品揃えが多くおすすめ。漁網風の赤い網に包まれていると、もしかしてこういう貝も獲れるかも!?と思ってしまうほど本物っぽい陶器製。仕切や小分けカップを使っていないのもすっきりと小気味よい。

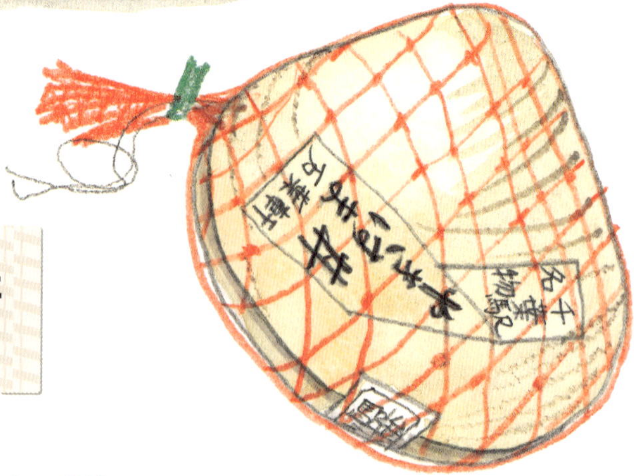

やきはま丼

千葉県・千葉駅

房総の海の味！
３種類のはまぐりが美味

　でっかいはまぐり形の容器がインパクト大！　蓋を開けると、きちんと行儀良い佇まい。ふっくらとしたはまぐりは贅沢に３種類。素材の味がよくわかる白焼き、ほどよい甘辛の煮はまぐり、濃いめの味つけの焼きはまぐりは串刺しで。それぞれに味わい深く、口の中に磯の香りが広がる。タレがしみたご飯、煮物など脇役は、はまぐりを引き立てる上品な薄味。下に敷かれた葉唐辛子が全体を引き締める。すこぶるおいしい駅弁だ。

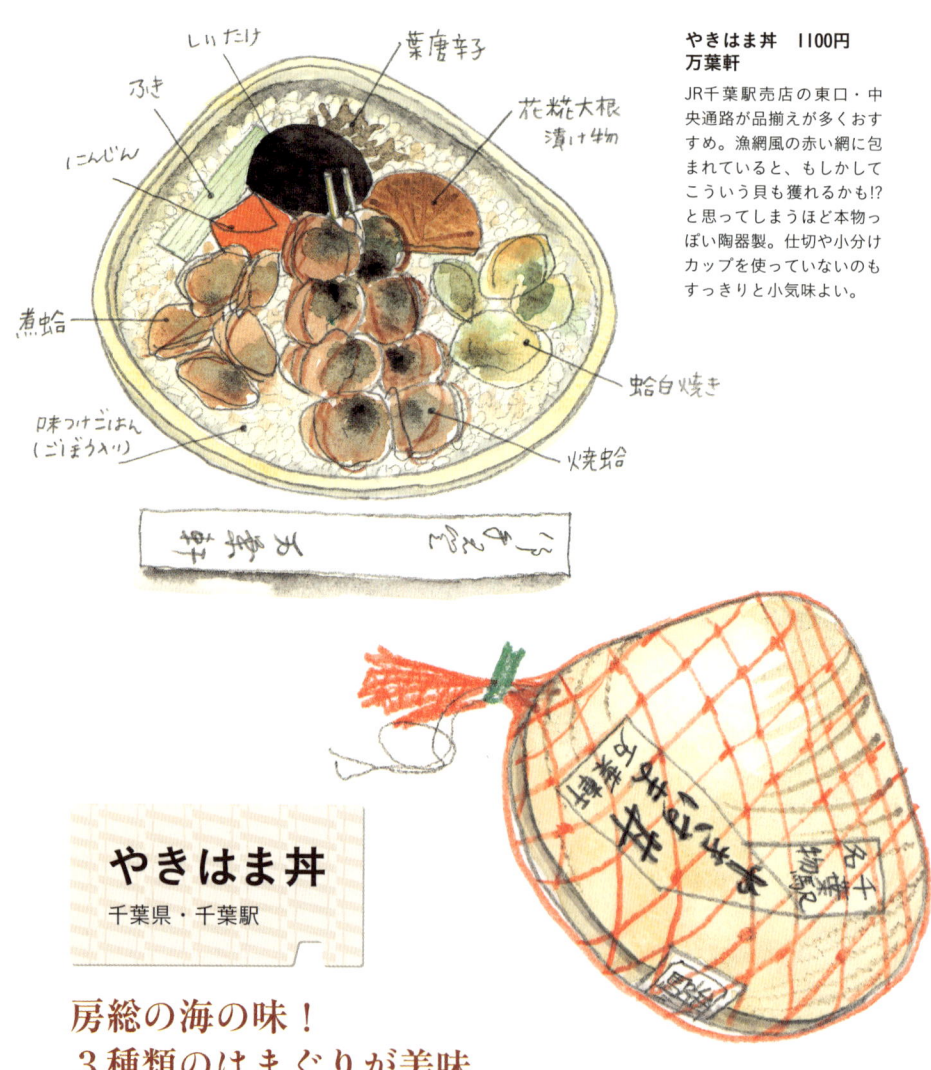

いかめし

北海道・森駅ほか

お馴染みの赤い箱に
まるごといか２杯
いかめしを旅の目的に
でかけたい

いか
めし
元祖森名物

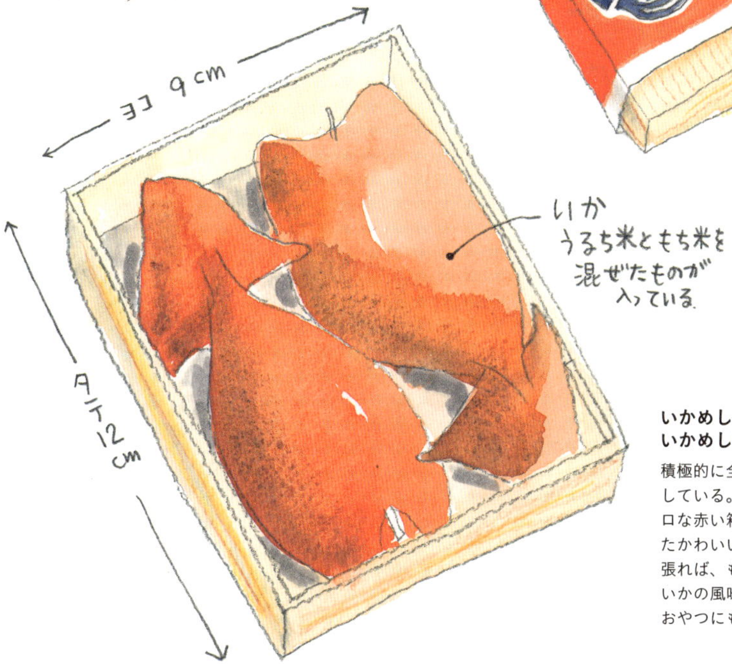
ヨコ 9cm
タテ12cm
いか
うるち米ともち米を
混ぜたものが
入っている

いかめし　500円
いかめし阿部商店

積極的に全国の催事に出店している。お馴染みのレトロな赤い箱に、プリッとしたかわいい姿。がぶりと頬張れば、もちもちの食感といかの風味がたまらない。おやつにもいい。

　説明の必要もないほど誰でも食べたことがある駅弁。いかの胴体にうるち米ともち米を詰め、ボイルして醤油ダレで味付け。ごくごくシンプルなところや、手頃な大きさと価格も長く愛されている理由だろう。あちこちの駅弁大会やデパ地下の物産展などで見かける機会も多く、これまでの人生で何度食べたことか。だが、恥ずかしながら、実はまだ森駅に行ったことがない。「いかめし」を旅の目的に、いつか必ず行くぞ！ と誓うのだった。

えび千両ちらし

新潟県・新潟駅ほか

えびとサプライズは女子の大好物

えび千両ちらし
千二百円

全体がうすく切られたたまご焼でおおわれている。あっさり甘さひかえめ。
海老のおぼろ

えび千両ちらし
1200円　新発田三新軒

贅沢さと素朴さが織りなすバランスの良い味。隠されたサプライズが旅に楽しさを加えてくれる。

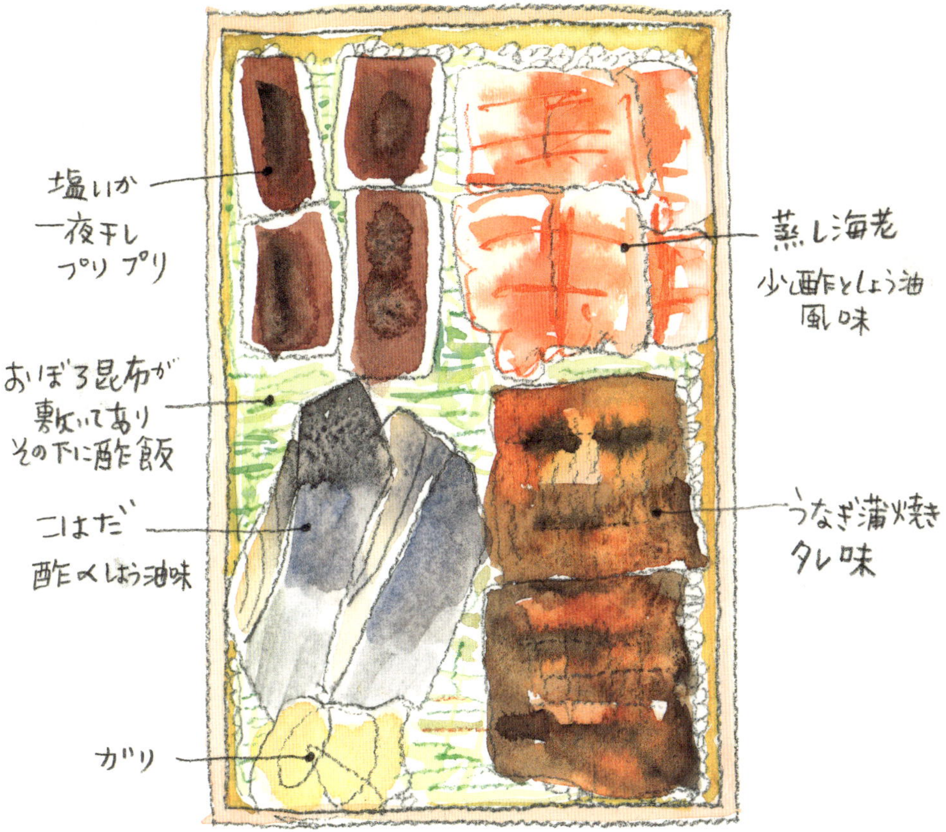

B級感が否めない駅弁のなかで、ピカイチに上品なのがこれ。黄金の箱を開けると、全体に敷きつめた千両小判のような卵焼き。あれ、でもえびって上に散らしたおぼろだけ!?　いやいや慌てずに。その下には慎ましやかに、でも豪華な魚介４種が隠されている。えびはもちろんのこと、いか、酢で〆たこはだ、鰻の蒲焼きと、味も食感もさまざまで楽しい。酢飯とそれぞれ丁寧に味付けされた具材が、おぼろ昆布でまとまる。

ひっぱりだこ飯

兵庫県・新神戸駅／西明石駅ほか

絶品明石のたこ
かわいいたこ壺は
お土産にも最適

平成10年4月5日
ひっぱりだこ飯
980円
淡路屋

ひっぱりだこ飯
980円　淡路屋

平成10年に明石海峡大橋開通を記念してつくられた駅弁。陶器のたこ壺がかわいく、そんなに重くないのでお土産にも最適。当初は西明石駅での販売だったが、今では地元のみならず、東京駅や駅弁大会でも常連の人気ぶり。

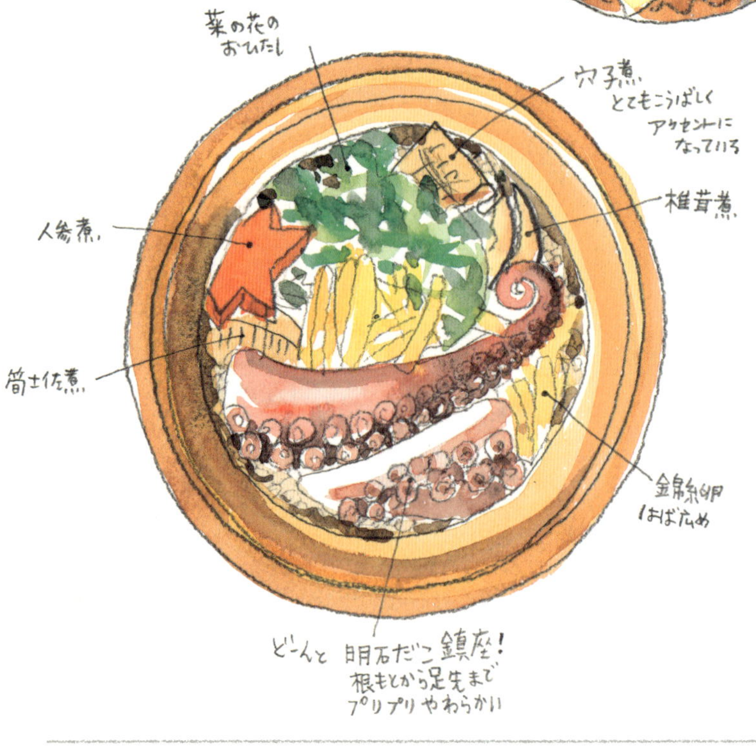

菜の花のおひたし
穴子煮 とてもこうばしく アクセントになっている
椎茸煮
人参煮
筍土佐煮
錦糸卵 はば広め
どーんと明石だこ鎮座! 根もとから足先まで プリプリやわらかい

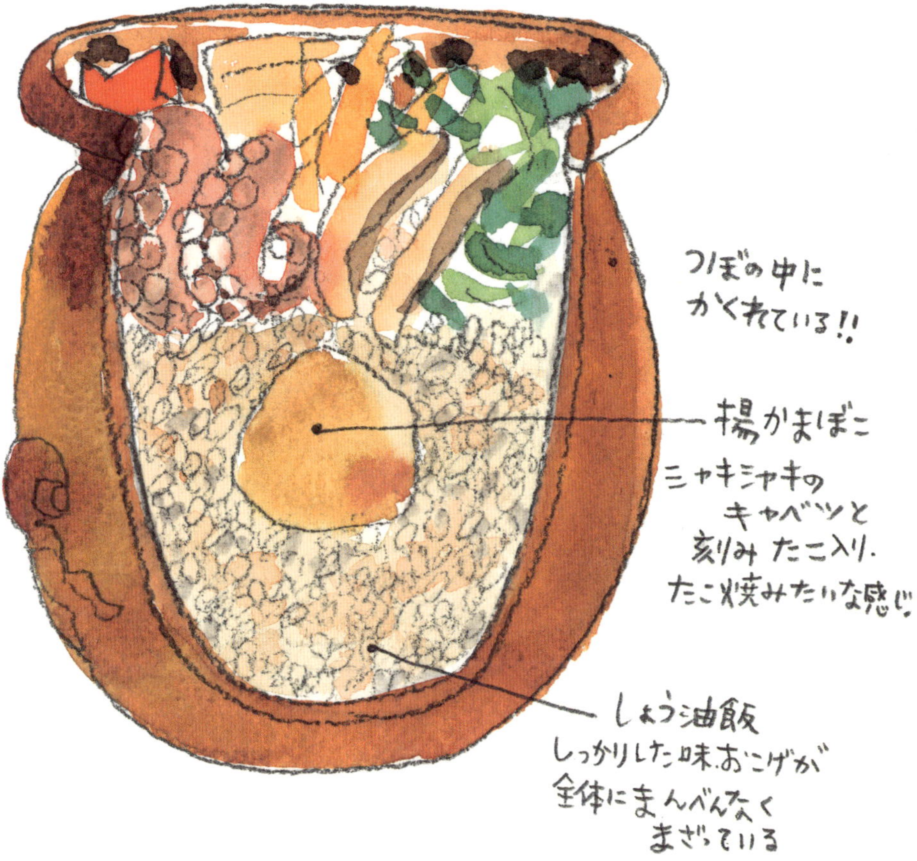
つぼの中に
かくれている!!
揚かまぼこ
シャキシャキの
キャベツと
刻みたこ入り。
たこ焼みたいな感じ
しょう油飯
しっかりした味。おこげが
全体にまんべんなく
まざっている

　意外とたこ壺ちいさいねぇ〜。と思ったけど、ボリュームも味もしっかり、食べ応え十分。その名が全国に知れわたる明石のたこ。まず目を引くのがどーんと上にのった足。まるごと1本分は、根元から足先までぷりぷりでやわらかい。出汁のしみたご飯は、おこげがまんべんなく混ざっているのもいい。ちょっと味に慣れてきた頃に「おやっ！」、揚げかまぼこが頭をのぞかせる。細切れのたことシャキシャキのキャベツがたこ焼きを彷彿とさせる。

平泉うにごはん

岩手県・一ノ関駅ほか

光り輝く
中尊寺金色堂のよう
わたしの憧れと思い出

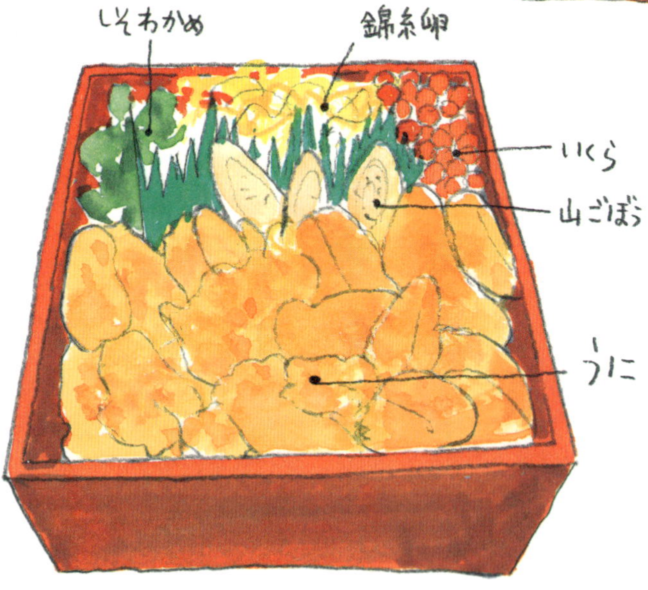

平泉うにごはん
1000円　斎藤松月堂

八角形だった箱が平成24年より四角形に変わった。でも中身はそのままの懐かしい味。実家でお腹いっぱいご飯を食べた後でも、こっそり買って東京に戻る。一ノ関駅は世界文化遺産に登録された平泉の新幹線最寄り駅。

10選にスペシャルエントリー。何を隠そう、わたしの地元の駅弁なのだ。一関は内陸だが、かきやほや、うに、わかめなど三陸の海産物には日常的に親しんできた。東京に進学してから乗るようになった新幹線。ホームで黄金のように輝いて見えたのがこの駅弁。今では素朴でシンプルな味わいが、海水浴や美しい風景、家族を思い出させる。こういう思い出の駅弁って誰しもあるのでは。噛みしめるたび、被災地の復興を願ってやまない。

山陰鳥取かにめし

鳥取県・鳥取駅

山陰鳥取かにめし
1100円　アベ鳥取堂

爪も食べやすいよう親切に切り込みが入っている。同じアベ鳥取堂の「元祖かに寿し」(980円)は昭和27年発売開始というから半世紀以上の歴史がある。全国初のかに寿司という。これまた美味。(→p25)

かに純度100パーセント 何からなにまで かに尽くし

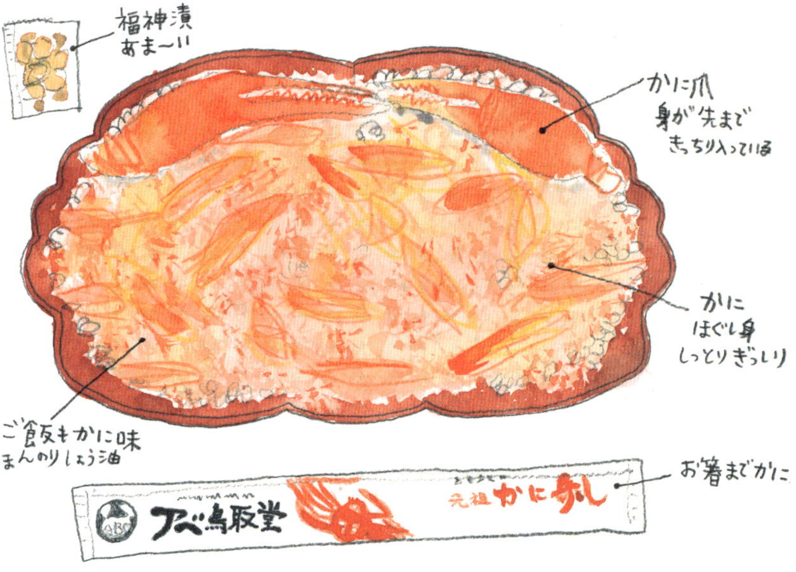

　全国にかにめし、かに寿司はたくさんあるけれど、これ以上かに純度の高い駅弁はないだろう。パッケージも具材も、かに100パーセント。ご飯が見えないほどたっぷりのほぐし身と爪までついて、姿もかにそのもの。地元で水揚げされたものにこだわったかには、さすがは日本海産というおいしさ。しっとりした身はもちろんのこと、炊き込みご飯までうまみが濃い。あんまりかに過ぎるからか、申し訳程度に甘い福神漬が付いている。

かしわめし

福岡県・折尾駅ほか

安定したおいしさ
いつでも食べたい
また食べたい

折尾名物
かしわめし
東筑軒
かしわめし

紅しょうが
奈良漬け
うぐいす豆
しそ昆布
味つきご飯が下に敷きつめてある
きざみのり
錦糸卵
かしわ
とりそぼろ
しょう油味でほの甘い

かしわめし　750円
東筑軒

かしわめしは大きさやおかずにバリエーションがある。かしわつながりで小倉駅7・8番線ホームのかしわうどん(350円)もぜひ食べてみて。ホームに出汁の良い香りが漂っている。おじさんたちにまざって立ち食いも楽しい。(→p35)

北九州を旅したときにこのタイプのかしわめしに何度か遭遇。関西や九州などでは鶏肉のことを「かしわ」と呼ぶらしい。地味な食材ながら、斜め３色に配置した大胆なデザイン。特に折尾名物は大正時代からの安定したおいしさを誇る。あっさり味の鶏出汁で炊いたご飯の上に、甘めの鶏そぼろ、刻み海苔、錦糸卵。ちょっとずつ箸で崩し、自分好みに混ぜて食べる。残念なことに、珍しかった立ち売りが平成24年に引退してしまった。

東京弁当

東京都・東京駅

老舗の味を集めた いいとこ取りの一箱 東京観光気分

東京弁当　1600円
日本レストランエンタプライズ

ほかに銀幕弁当など魅力的なラインナップ。(→p100)

その名もズバリ「東京弁当」。出張のついでに食すには、躊躇してしまう贅沢な駅弁。一度は行ってみたい東京の名だたる老舗の味が、一堂に会している。「浅草今半の牛肉たけのこ」「魚久のキングサーモン粕漬け」「青木の玉子焼」……。東京人でもいつか行こうと思いつつ、なかなか行けない店。地方人なら東京観光気分を体験できる。包みを開くとすぐ出てくる、赤煉瓦の東京駅駅舎を描いた絵ハガキ。誰に送ろうか考えるのも楽しい。

駅弁女子 1

コラム

Ekibengirl

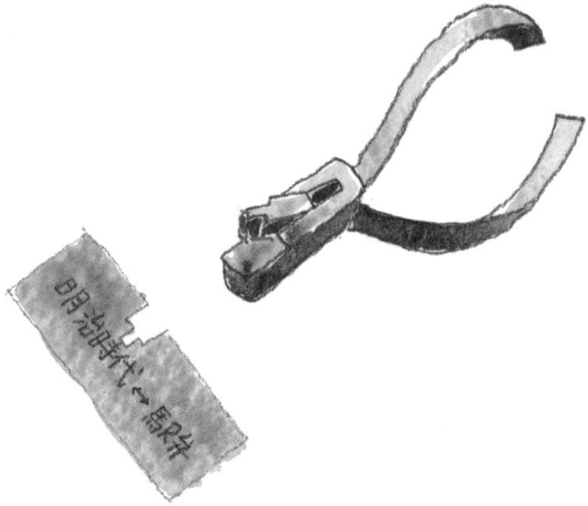

100年駅弁店

駅弁の製造販売をしている調製元は、明治期に創業し100年以上もつづく老舗店が多い。それは明治維新後、日本国内に初の鉄道が新橋駅〜横浜駅間が開通して以来、鉄道とともに歩んできた歴史にほかならないのである。

明治41年創業の崎陽軒に代表されるように、東海軒、桃中軒など調製元によく見かける「○○軒」という名前。これは鉄道の駅構内の軒先を借りて、お弁当や飲み物などを販売したことに由来する。また駅弁のほか駅前の旅館業と兼業するなど、明治、大正、昭和、平成となった今も、駅とのつながりは深い。

たとえば、

吉田屋（青森県八戸駅）：東北本線開通翌年の明治25年、八戸駅（当時尻内駅）で、握り飯と漬け物だけの弁当を立ち売りで販売し始めたのが原点。今では新商品も豊富。

あべちう（岩手県一ノ関駅）：明治22年、一ノ関駅開業と同時に、新聞の立ち売り販売を開始。駅弁に着手したのは昭和21年から。創業者の阿部忠吉の名から屋号をつける。人物名をつけるのは駅弁店としては珍しい。

塩荘（福井県敦賀駅）：明治36年、敦賀駅にて立ち売りで弁当の販売を開始して以来、なんと100年1日も休まず営業しているという。本当に駅さながら無休営業だ。

井筒屋：安政元年（1854）、近江国長浜船着場前にて旅籠井筒屋を創業。明治22年、東海道線が開通すると船から鉄道へ目を向け、駅弁屋を始める。

これからも駅やまち、わたしたちの旅を楽しませ続けてほしい。

駅弁女子のあれこれ駅弁図鑑

好きな食材で選ぶのもよし。
ユニークさで選ぶのもよし。
気分で選ぶのもよし。
いろいろ食べた駅弁、分類してみました。

かに

レトロなパッケージが多いのは
ロングセラーの証。
「めし」はかにの風味がより強く、
「すし」はさっぱりいただける。

かにめし
岩手県・一ノ関駅

1000円　あべちう
物心ついた頃からある地元の駅弁。いつでも優しいおだやかな味。平泉が世界遺産になり、うにやあわびが豪華なその名も「平泉」(1300円)や、「平泉義経弁当」(1000円)も人気。創業者が阿部忠吉さんだから、あべちう。

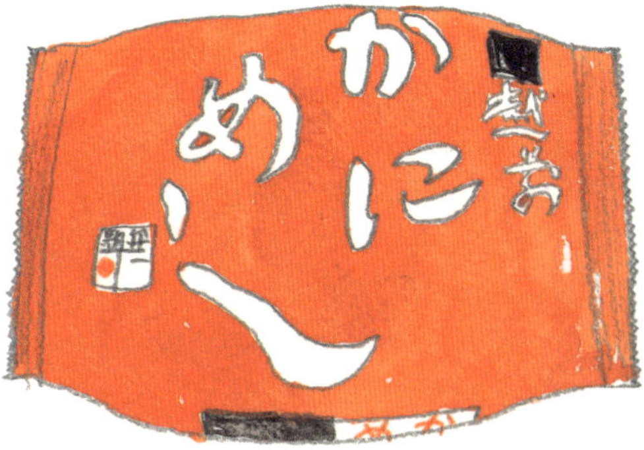

かにめし
福井県・福井駅ほか

1100円　番匠本店
昭和36年発売当時の陶器製の器が、昭和後期からプラスチック製に。はじめて食べたときは地元紅ズワイのおいしさに感動。創業110年を記念し平成24年、カナダ産にリニューアル。地元産でないのが駅弁的にちと残念かな。

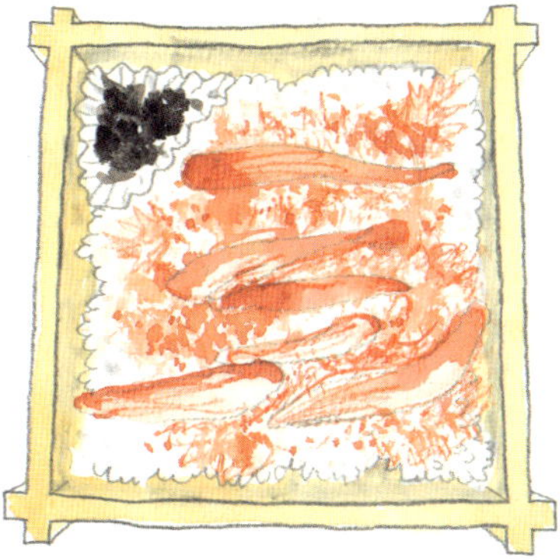

山陰名物蟹寿し

鳥取県・駅弁大会ほか

950円　吾左衛門寿し本舗
米子駅にこの蟹寿しはなく、姉妹品の「かにちらし寿司」(1020円)が販売されている。このように駅では売っていない弁当が、駅弁大会や実演販売などイベントに登場することも。正確にいうと駅弁じゃないけどね。

山陰鳥取かにめし

鳥取県・鳥取駅

1100円　アベ鳥取堂
パッケージも中身もかに、かに、かにづくし！　見た目も味もバツグン！　箱の裏には鳥取の名所マップが。地元産にこだわったかにや食材しかり、鳥取愛、日本海を感じる駅弁だ。(→p19)

かにすし

石川県・加賀温泉駅ほか

1000円　高野商店　季節限定(10月〜4月末)
たっぷりのかにの身とほどよい酢飯がとても上品なおいしさ。インパクトのある箱には、よく見れば「ゆずり合い　旅を楽しく　明るい車内」と標語が。裏にはイラストで描かれた加賀温泉の観光案内図も。なんだかほのぼのする〜。

かにずし

新潟県・越後湯沢駅

900円　川岳軒
新潟の駅弁全体にいえることだが、ご飯がおいしすぎて具材が脇役に感じられることも。かに、椎茸や錦糸卵、寿司酢も味が控えめゆえ、ご飯のうまみを際立たせている。

さかな

地方によってとれる魚が違えば、
食べ方だって違ってくる。
焼いて、漬けて、ほぐして、揚げて。

甘海老天丼

新潟県・直江津駅

1000円　ホテルハイマート　要予約
天ぷらメインの駅弁が少ないなか、これはまさに天丼。甘海老天が5本に野菜天、明太子天がおもしろい。アツアツの天ぷらは塩で食べるのが好きだが、冷めたこの天丼にはつゆがよく合う。これまた新潟のご飯がうまい。

特製鯛めし

静岡県・静岡駅

760円　東海軒
明治30年に発売された「元祖　鯛めし」(570円)は、しょう油ご飯に鯛そぼろがたっぷり。こども向きの汽車弁をと考案されたことから結構甘い。そこに金目鯛の切り身と野菜の煮物をプラスしたものがこの「特製」だ。

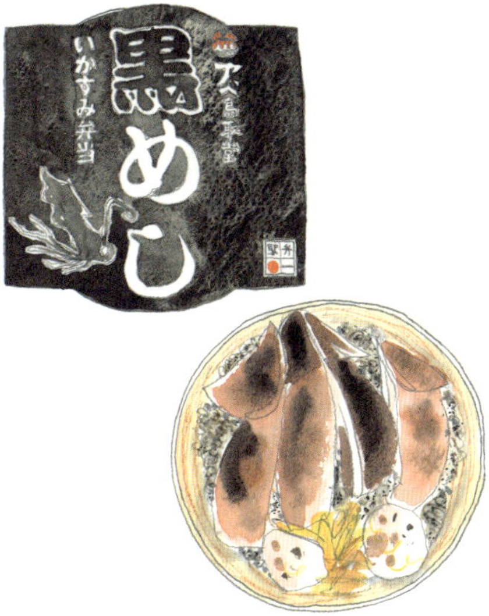

いかすみ弁当黒めし

鳥取県・鳥取駅

1100円　アベ鳥取堂

本物の竹のセイロがいい感じ。いか墨で炊き込んだ黒いゲソ入りご飯に、やわらかいいかといか団子がのるいか尽くし。ワイルドな黒さとは逆に全体にやさしい味。付け合わせの揚げたらっきょうってはじめて。

鯛めし弁当

神奈川県・横浜駅／神奈川エリア限定

680円　崎陽軒

魚型は金目鯛入りの茶飯に真鯛そぼろ。崎陽軒はシウマイのほかにも商品充実。半世紀以上続く「横濱チャーハン」(540円)、「桜えびシウマイ」春限定(2～5月)、シウマイ入りの「シウマイまん」、月餅など中国菓子も。

三陸海の子

岩手県・一ノ関駅

1000円　斎藤松月堂

「平泉うにごはん」(1000円、→p18)、うにが2層入った「平泉私の好きな金色うにめし」(1450円)と並ぶ、うに好きにたまらない駅弁シリーズ。ほかに前沢牛を使ったシリーズも人気。うにor前沢牛、迷う～。

焼漬鮭ほぐし

新潟県・新津駅／新潟駅

1050円　三新軒

まずはご飯がうまい。さすが新潟。そこに焼き鮭を一晩タレに漬け込んだ伝統料理「鮭の焼漬」がゴロゴロのる。フレークにはない食べごたえ。付け合わせには大豆に甘味噌を絡めた鉄火豆なるものが珍しい。

寿司

**にぎり寿司、巻き寿司、押し寿司、
分けっこしやすいお寿司は
旅のベストフレンド。**

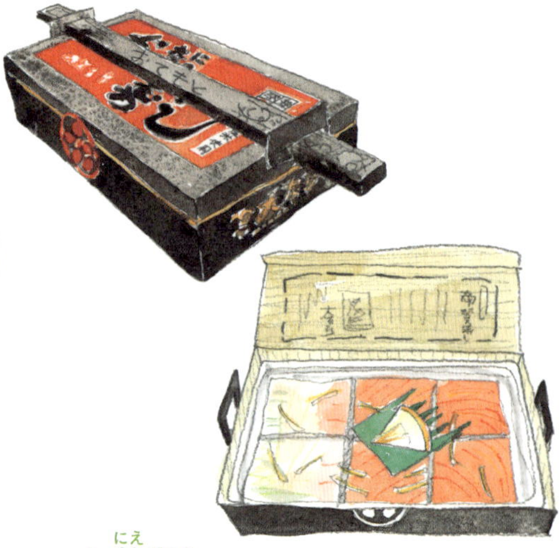

お贄《にえ》寿し
石川県・金沢駅

600円　大友楼
1ミリほどのうす〜い小鯛と紅鮭が半々の繊細なお寿司。ごくシンプルでじんわりおいしい。奇祭の生け贄の料理にちなむ名とか。日持ちするので、少し固くなった翌日あたりが風味良し。

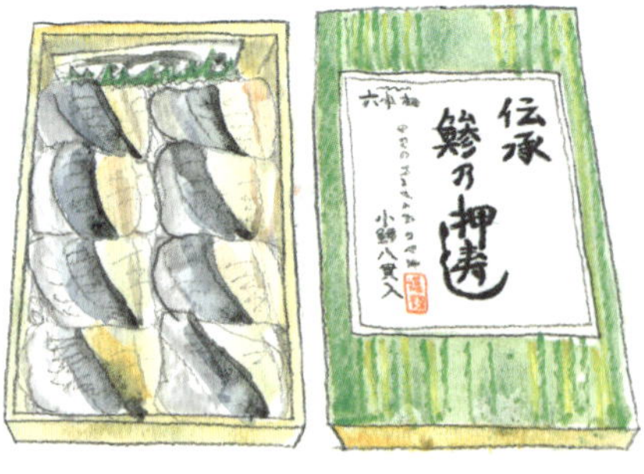

鮎ずし
熊本県・人吉駅

900円　人吉駅弁やまぐち
一番好きな魚、鮎がこんなにダイレクトに横たわっているとは！　明治44年の創業以来の姿寿司は、身がシコッとしまって何にも似ていない独特のうまさ。掛け紙には「きもちよく　ひと膝ゆずって　もう一人」の標語。

伝承鯵の押寿し
神奈川県・大船駅

8貫1200円　大船軒
伝統の合わせ酢でしめる、大正2年の販売開始当時からの味。鯵の薄皮が付いたままの調理法が特徴で、その姿がとても美しい。また大船軒は明治32年、日本初のサンドイッチ駅弁を発売。和にも洋にも長い歴史がある。

炙り金目鯛と小鯵押寿司

神奈川県・小田原駅ほか

1300円　東華軒

明治36年以来の小田原駅名物・小鯵押寿司と金目鯛の炙り寿司。前者はさっぱり、後者は炙った脂のうまみ。さらに口直しのしそ巻寿司と広島菜寿司が入った贅沢でよくばりな一箱。女子ならばあれもこれも食べてみたいもの。

玉宝

石川県・七尾駅

5個入550円／7個入900円　松乃鮨

売店に玉宝の在庫なし。尋ねると、ものの20分ほどで松乃鮨から届いた。わーごめんなさい、ありがたや。以後、予約します。明治元年の創業から続く干瓢とでんぶの玉子巻き。なんとなく能登の「の」字に見える。

まさかいくらなんでも寿司

新潟県・新潟駅ほか

1050円　新発田三新軒

鱒の「ま」、鮭フレークの「さ」、かにのほぐし身の「か」、「いくら」の4種の魚介をずばりネーミングしたお寿司。少しずつきちんと並べられていてきれい。

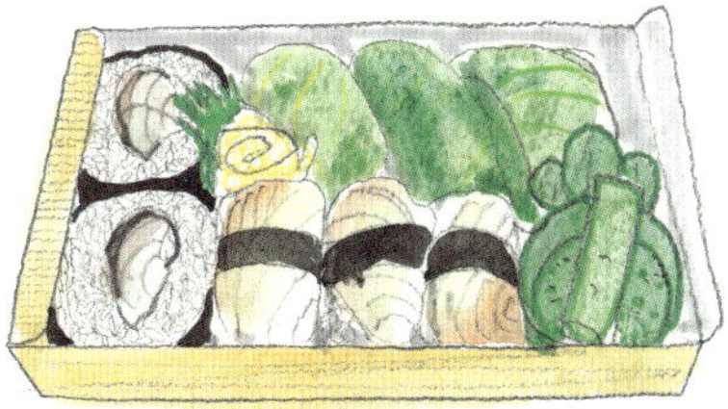

港あじ鮨

静岡県・沼津駅／三島駅

880円　桃中軒

工夫をこらした鯵3種の寿司。わさびの茎入り酢飯をわさびの葉で包んだ寿司、酢〆の鯵を帯状しそ葉で巻いた寿司、鯵の太巻き。特筆すべきは伊豆天城の生わさびとおろしがねが付いていること。ちょっぴり参加型が楽しい。

ちらし寿司

わ〜きれい！ フタをあければ、ワンダーランド。色とりどりの具材が目にも鮮やか。

おたる海の輝き

北海道・小樽駅

1260円　小樽駅構内立売商会
これはかなりうま〜い!!　うに、いくら、とびこがまさに輝くように敷きつめられ、いろんな海の食感が口の中ではじける。ちょっとした海鮮屋で食べるより、この駅弁のほうがおいしいかも。

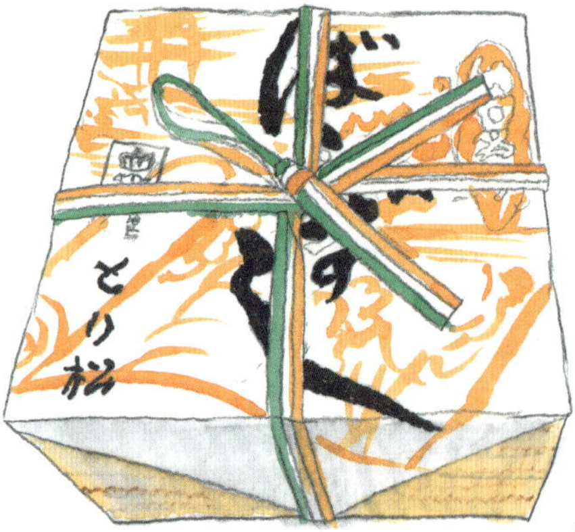

ばらずし

京都府・京都駅ほか

840円　とり松
丹後地方の一部にのみ伝わる独特の重ね寿司。鯖おぼろ、干瓢、玉子、紅生姜、かまぼこ、青豆を木箱に重ね、木べらで四角に取り分ける。素朴だけど華やかな、お祭りやお祝いのときの郷土の家庭料理。1人折〜3人折(2415円)。

ゆばちらし寿司

栃木県・東武日光駅

850円　油源(あぶらげん)
日光といえば、湯葉が名物。薄味ながら存在感たっぷりの湯葉の煮物をメインに、酢飯の上におかずがいっぱい。わっぱの容器もおかずも、カラフルで目にも楽しく、ヘルシーでさっぱりとおいしい。(→p73)

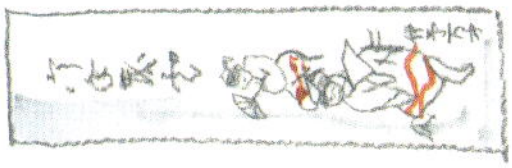

松山鮨

愛媛県・松山駅

980円　鈴木弁当店
寿司桶ふうの器に、瀬戸のたこ、鯖、えび、穴子を使ったちらし寿司。松山ゆかりの正岡子規、夏目漱石、高浜虚子の大好物を集めたもの。そういえば海に囲まれた四国では牛や豚の肉弁当はあまり見かけなかったような。

佐賀名産特製ちらし寿司

佐賀県・佐賀駅

1260円　あら玉　要予約
有名な「有田焼カレー」(1500円)や「有田焼シチュー」(1350円)に並ぶ、焼物の産地有田ならではの駅弁。器込みの価格だが、ホントにごく自然に家の食器ラインナップに入ってます。器再利用弁は可能な限り帰路に買うべし。

葉っぱ寿司

ますのすし（さんかくすし）

富山県・富山駅／高岡駅

殺菌効果があるとして
保存のため葉っぱで巻いたお寿司。
緑の葉は香り良く、目にも爽やか。

140円　ますのすし本舗源

明治45年に発売以来、100年を超える歴史がある。富山の本社内「ますのすしミュージアム」では、工場見学や実演で技を伝える伝承館などあり。富山にはこの調製元以外にもたっくさんのますずしがある。

ぶりのすし（さんかくすし）

富山県・富山駅／高岡駅

180円　ますのすし本舗源

円形のものが有名だが1/8にカットされた小さなものが手軽でおすすめ。ちょっと小腹が空いたときや、もう一品というときに。昭和32年発売のぶりバージョンも負けずの人気。カブの食感がアクセントに。

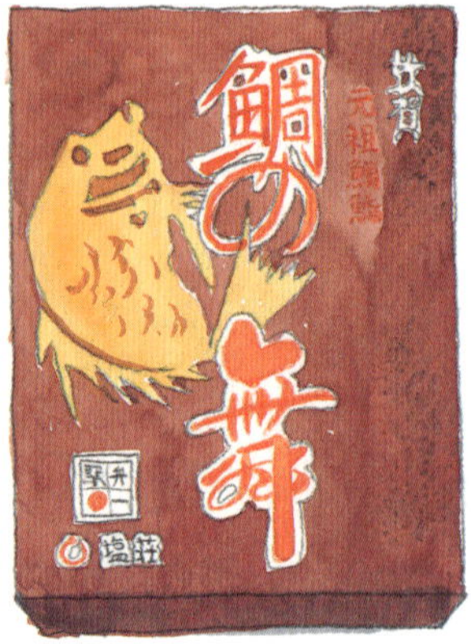

鯛の舞

福井県・敦賀駅

1350円　塩荘　要予約

これほど香りの良い駅弁はない。福井名物・小鯛の笹漬けを寿司にしたような感じ。薄塩味の小鯛を木の香りが包み、おいしさUP。尋ねてみると、塩荘は駅弁をはじめてホントに100年1日も休んだことがないんだとか。

瀬戸の押寿司
愛媛県・今治駅

1260円　二葉
「来島の味」って、くるしまと読むらしい。なんでも瀬戸内海の今治あたりの来島海峡は日本三大急潮。そこで育った鯛と甘いご飯が相まってねっとり。甘さが強く小さい割にちとヘビー。付属のナイフで切り分けよう。

ささむすび
栃木県・東武日光駅

5個入750円　日光鱒鮨本舗
人気の鱒寿しと姫寿し、ちらし寿しをアレンジした三種の笹巻き寿し。郷土料理「姫寿し」は要予約の駅弁だが、「ささむすび」にはおむすび型のその姫寿しが2個入っている。(→P73)

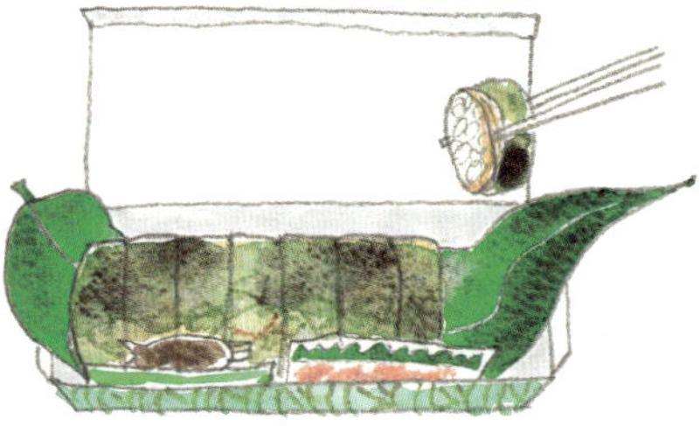

千葉寿司街道「鯵」
千葉県・千葉駅

680円　万葉軒　要予約
一切れをパクリと口に放り込んで、一瞬ビックリ。なんだかぬめりを感じたからだ。しかしこれは、鯵とともに巻かれたおぼろ昆布。鯵や酢飯の味をひとつにまとめて、食感も新しい。とっても気に入った。

柿の葉すし
奈良県

奈良の名物・柿の葉寿司は、ひとつずつ包んであるので旅のお伴にいい。ゐざさ寿司、たなか、ヤマト、あじみ屋などいろんなメーカーから発売されている。駅弁では吉野口駅に柳屋「柿の葉寿し」(8個入880円)がある。

とり

いろいろ気にする女子にも、
ヘルシーな鶏は強い味方。
長く愛される定番のおいしさ。

鶏めし弁当

群馬県・高崎駅ほか

800円　高崎弁当

昭和9年、かしわめしが親しまれる九州出身の先代が考案。養鶏が盛んな群馬の鶏肉はそぼろ・照り焼き・コールドチキンの3種で。特に鶏そぼろはパサパサになるまで水分を飛ばしてうまみを凝縮。甘めでご飯に合う。

鶏めし

秋田県・大館駅／東能代駅

850円　花善

戦後から続く鶏めしの代表格は味、ビジュアル、価格、どれをとっても秀逸。きっと誰もが好きなおいしさだ。少し甘めのご飯に鶏もも肉煮がよく合う。カラフルな花形のかまぼこがきれい。東能代駅でも一日3～5個程度販売。

かしわめし

福岡県・門司港駅

298円　北九州駅弁当

駅弁っていうか、普通のお弁当!?　割高感が否めない駅弁において、破格の298円。小さめの容器だが、ちゃんとお腹を満たす量だ。かしわめしが広く親しまれる九州ならでは。門司港駅改築中につき現在は休止。

高原野菜とカツの弁当

山梨県・小淵沢駅／茅野駅

850円　丸政

爽やかなパッケージどおり、カツ弁当でありながらヘルシーさを実現。さっぱりチキンカツと八ヶ岳山麓の新鮮な生野菜がたっぷり。昭和45年発売の日本初の生野菜入り駅弁だ。ハイキングに登山に、女子にうれしい弁当。

純系名古屋コーチンとりめし

愛知県・名古屋駅

924円　名古屋だるま

名古屋コーチンで炊いたご飯と照り焼きはしっかりうまみの濃いめ味。薄味の付け合わせがちょうどいい。名古屋コーチン普及協会認定シール付き。ご飯はもち米入りで時間が経ってももっちり。竹籠入はお土産にも。

かしわめし

福岡県・折尾駅ほか

750円　東筑軒

これまで食べたかしわめし、鶏めしの中でナンバーワン！　目にもきれいな3色のトッピングは、おいしくて飽きなくて、また食べたくなる。大正時代から続く、これぞ昔ながらの味だ。(→p20)

ぶた

パンチのある豚肉駅弁は、
たくさん歩くときや、
食堂の少ない秘境に出かける前に
しっかり食べておきましょ。

野沢菜入りかつサンド

山梨県・茅野駅

600円　丸政

キャベツではなく、信州名物の野沢菜を使ったことが、時間が経ってから食べる駅弁のための工夫だ。いつでもシャキシャキとした歯ごたえ。野沢菜漬けはご飯だけじゃなくパンにも合うんだね。

だるまのみそかつヒレ重

愛知県・名古屋駅

924円　名古屋だるま

分厚い味噌カツがゴロリン。見た目ほど味の濃くない味噌ダレは「だるまのどぶ漬け製法」によるそうだ。半熟玉子をかけてマイルドに。こどもや女子は食べきるのが大変なほどの量。衣が固くなる前に早めに食べたい。

やまと豚弁当
栃木県・神戸駅

1000円　レストラン清流　要予約
コンパクトな箱にやわらかい豚肉がたっぷり。わたらせ渓谷鐵道オリジナルの手拭いがついているし、掛紙の裏は沿線観光案内マップになっているし、お得感十分。

忠勝弁当
千葉県・大原駅

1000円　傘屋商店　要予約
戦国武将・本多忠勝にあやかったボリュームのある弁当。ロースカツがどーんと鎮座してるのに対し、ご飯がやや少なめかな。プラスチック製容器のお茶が付くので、売店のポットでお湯を注いで。(→p65)

鹿児島産黒豚炭火焼弁当
鹿児島県・出水駅ほか

950円　松栄軒　要予約
ゴロゴロ豚肉は超肉感。出荷証明書付きの100パーセント鹿児島産黒豚は、炭焼きの香ばしさと肉のうまみたっぷり。さっぱりとした塩の味付けもいい。白飯、刻み海苔、きんぴら、豚が重なっている。

黒酢豚あんかけ
新潟県・新潟駅／新津駅

1050円　神尾商事
結構大きな箱、と思ったら加熱式(冬期限定)。越後もち豚の唐揚げに肉団子、パプリカ。そこに黒酢あんがかかっている。脂身が少ない肉は揚げてあってもさっぱり。紐を引っ張って約10分。これは絶対にあったかいほうがいいぞ。

うし

当たり、ハズレが少ない牛肉駅弁。
特にブランド牛の産地の一品なら
量も味も大満足。

福島牛牛めし
福島県・郡山駅

1000円　福豆屋
牛肉もごぼうも全体にちょっと甘めの味付け。電車の揺れで、こんにゃくがプルプル動いているのが、かわいくってツボ。笑いがとまらなかった。新幹線のワゴンで販売されることも。

網焼き牛たん弁当
宮城県・仙台駅ほか

1000円　こばやし
牛たんは町場のお店よりは、ちょっと薄めの2ミリくらい。でもやわらかく塩味がきいていて、麦飯によく合う。紐を引くと温まる加熱式は、熱いくらいに温まって、寒い東北では心と体にしみてきます。

牛肉どまん中
山形県・米沢駅／山形新幹線車内

1100円　新杵屋
平成5年、山形新幹線開通にあたって発売された。今では全国に知られる人気弁当に。山形県産米「どまんなか」に、甘辛の牛そぼろと牛肉煮がたっぷりのる。今度は未経験の塩味にチャレンジしてみよっと。

米沢牛炭火焼特上カルビ弁当

山形県・米沢駅ほか

1500円　松川弁当店

かなり値の張る駅弁だが、大人気なのも納得のおいしさ。香ばしい炭火焼カルビだけでもパンチがあるのに、さらにシューマイときたら肉感満点。お腹が空いたときにがっつり食べたい。

島根牛みそ玉丼

島根県・松江駅

950円　一文字家

奥出雲でつくられた自然醸造のこだわりの味噌を使った、珍しい味噌風味の牛丼。そのおいしさもさることながら、上にのった半熟とろとろ玉子の完成度が実に高い。まん丸をくずして黄身を混ぜながらいただく。

飛騨牛しぐれ寿司

岐阜県・高山駅

1200円　金亀館

甘さもちょうどよい細かいしぐれ煮と、牛たたきの薄切り肉が、酢飯でさっぱりといただける。特に牛たたきは飛騨牛のうまみがしっかり感じられ、わさびもよく合う。付け合わせも適度で、バランスのよい弁当だ。

近江牛大入飯（ハイカラ風味）

滋賀県・米原駅／長浜駅

1000円　井筒屋

牛丼タイプの駅弁はいろいろあるけれど、ご飯をカレー風味にしたらこんなにハイカラに。こんな組み合わせあったか〜。近江牛の肉はいろいろな部位が混ざっていて飽きがこず最後までおいしい。

B級グルメ

**B-1グランプリなどで
広く親しまれるようになった
B級グルメが、駅弁界にも登場。
パンチの効いた庶民的な味。**

元祖たこむす

大阪府・新大阪駅／大阪駅

5個入り680円　あじみ屋

おむすびにたこ焼きをのせた、大阪らしい粉ものとご飯の組み合わせ。B級と思いきや、これがとってもおいしい！　ご飯も粒がたっていて、ごろりタコの入ったたこ焼きはトロトロ。すべて手づくりの丁寧な味と新食感だ。

なにわ満載

**大阪府・新大阪駅／京都駅
東海道新幹線車内**

1000円　ジェイアール東海パッセンジャーズ

これぞ大阪！　イメージ通りを詰め込んでくれた。串カツが豚でなく牛肉、とろりたこ焼き、紅しょうが山盛りソース焼うどん。しょう油味の炊き込みご飯はかやく飯という。炭水化物のご飯×炭水化物のおかず、さすが。

富士宮やきそば弁当

静岡県・新富士駅／富士宮駅

980円　富陽軒

紐を引っ張るとじわじわ温まる加熱式容器。ワクワクして開けると、よい意味でB級感のあるワイルドともガサツ!? ともいえる豪快な盛り付け。えび、いか、ほたてにキャベツがたっぷり。豚の背脂の搾りカスを使っているのが特徴。

ソースかつ棒

福井県・福井駅

840円　番匠本店

ソースカツ丼が福井名物というのは聞いたことがあるけど、それを棒状にしちゃうなんて、画期的。ソース味のご飯を大葉と豚肉で巻いてフライにしたもの。甘めのソースがしみ込んで、ご飯というよりおやつにぴったり。

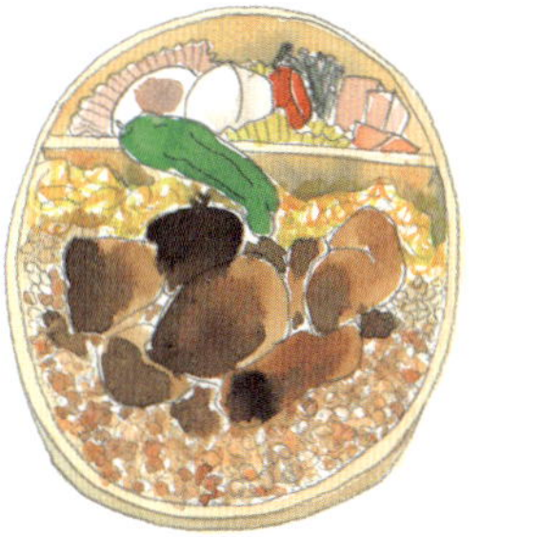

甲州とりもつべんとう

山梨県・甲府駅

880円　丸政

B級グルメグランプリを駅弁でお試しあれ。いかにもB級グルメらしいがっつりパンチの利いた味。おつまみにも最適で、せっかくワインの産地だけれど、ビールのほうがよく合うぞ。(→p81)

二色弁当

**どっちも食べたい欲ばりな気分にも、
小腹が空いたとき半分ずつ
分け合うのにも、なにかと重宝。**

近江牛としょいめし
滋賀県　米原駅ほか

1300円　井筒屋
近江牛の食べ比べ二色弁当。ひとつはさっぱりポン酢や大葉でいただく赤身のステーキ丼。もうひとつはしょう油飯に厚い肉がのった立派な牛丼。噛みしめれば、しっかりとお肉の味が。安定したおいしさ。

夫婦釜めし
新潟県・糸魚川駅

1300円　たかせ
釜ってだけでワクワクするのに、それが二つも入ってる。赤系の器は女性向きのさっぱり魚介丼、緑系の器は男性向きの松茸と山菜がのった肉そぼろ丼。ちょっと割高感もあるけど、お箸を2膳もらって楽しさ2倍。

どまん中百選
牛肉どまん中＆海鮮どまん中
東京都・東京駅限定「駅弁屋 祭」

1300円　新杵屋
有名な山形・米沢の「牛肉どまん中」（→p38）が「海鮮どまん中」（単独では販売してない）と合体して「どまん中百選」なるものに。これは地元にもない東京駅限定バージョン。女子的には肉と魚どっちもってとこが支持できます。

甲州ワインで育った「牛と豚の弁当」
山梨県・小淵沢駅／甲府駅

1100円　丸政
さすが日本屈指のワインの産地。牛丼の甲州ワインビーフは、ワインを搾った葡萄粕を飼料に育てた牛肉。ソースメンチカツ丼のワイントンは、白ワインを飲ませて育てたジューシーな肉質。ワインに合わないはずはない。（→p81）

にしんかずのこさけいくら
新潟県・長岡駅

1050円　池田屋
中身が一目瞭然のネーミング。ニシン親子＋鮭親子＝4種。数の子が入っているのが珍しい。8月の長岡の花火の時期には期間限定の「花火寿し」も登場。

信楽焼　山菜松茸と祭寿司
滋賀県・草津駅

1500円　南洋軒　要予約
要予約ともなれば、これはもう器ねらいでしょう。抹茶茶碗と称する素朴な器に盛られた2種のご飯。さっぱりとしてヘルシー。女子向き？　だけど、器はお家ですこぶる重宝。なんとも自然に馴染んでます。

ご当地弁当

印籠弁当

茨城県・大洗駅

1000円　万年屋

黄門様の印籠にちなんだ形。水戸の老舗・鈴木屋が長年販売してきたが平成22年、残念ながら廃業。それを途絶えさせたくないと、同じ茨城県内の万年屋が引き継いだ、地元愛の賜物。梅祭り期間中は偕楽園でも販売。

古くから伝わる郷土料理、
ゆかりのある人物、旬の名産品など
郷土色の強い駅弁は個性派揃い。

ぶりかまめし

富山県・富山駅／高岡駅

980円　ますのすし本舗源
季節限定(10月中旬～3月中旬)

富山名物寒ぶり。居酒屋で出てきそうなぶりかまの照り焼きが、ドーンと豪快に乗ったわっぱ飯。これはもう迫力満点。脂ののった身とわかめの組み合わせに、富山の海が目に浮かぶ。オリジナリティも味も文句なく絶品。

しらす弁当

静岡県・浜松駅

1000円　自笑亭

ご飯の上に敷かれた一面のしらす。見るからに体に良さそう。一日に必要なカルシウムの1/2がとれるという。遠州灘とつながった浜名湖にはイワシの群れが集まる。その稚魚がしらす。春から秋が漁の最盛期。

かくしずし
岡山県・岡山駅

1050円　せとうち味倶楽部
土日のみ・平日要予約
えっ、白飯だけ？　具を下に敷きつめ、お裾分け先で重箱をひっくり返すという、江戸時代の演出を再現。一汁一菜の倹約令に反発した町人の知恵で「すしも一菜」とし、むしろ豪華にした。

めんたいこ付き弁当
福岡県・博多駅

1050円　北九州駅弁当
お弁当自体は、ふつうの幕の内弁当といった感じ。なんといっても特筆すべきは、別の器に「めんたいこ」が付いていること。お弁当の中に入れるのではなく、わざわざ隔離して丁重に名物を強調している。

ひつまぶし
静岡県・浜松駅

1600円　自笑亭
浜名湖名物の鰻をひつまぶしに。うな肝も付いている。そのままうなぎ飯として、タレや山椒を振り掛けて。次は昆布茶と温かい緑茶をかけて茶漬けとして。レンジで温めたほうが俄然おいしくなるので帰りのお土産に。

ユニーク
パッケージ

**インパクトのあるその姿に
一目惚れ。恋に似てます。
中身が好きかどうかは
食べてから。**

ふく寿司
山口県・新山口駅／新下関駅

840円　小郡駅弁当
山口に来たら一度はふぐを食べてみないと。地元では「ふく」という。切り身とこりこりの皮。ちと、ふく感が物足りないかな。でもふくれ顔がご愛嬌。

おかめ弁当
兵庫県・姫路駅

870円　まねき食品
「姫路通ればおかめが招く!!」と書かれた顔につられて買っちゃう。ボイルドエッグ、銀杏、刻み穴子、牛肉煮付、たこ煮付、栗、海老など豊富な具材。よく見れば、どことなく福笑いのおかめっぽいかも。

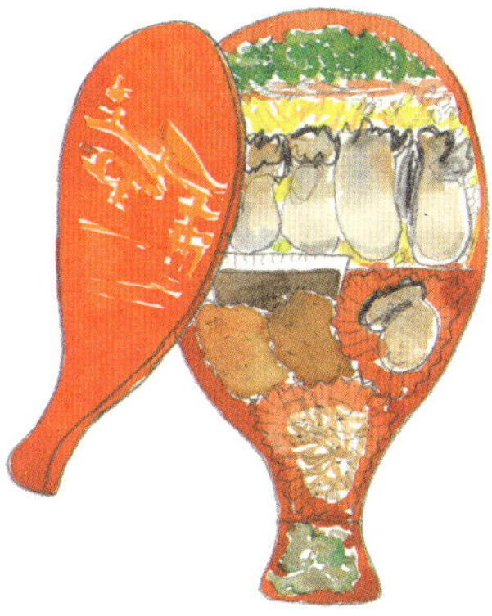

しゃもじかきめし
広島県・広島駅

1050円　広島駅弁当
季節限定（10月～3月頃）
広島名物のしゃもじとかきの合わせ技。かきが煮物4個、白みそ和え1個、フライ2個と、バリエーション豊かにたくさん入っている。売店などにある「海の干しがき」（広島菊屋）という珍味もおすすめ。（→p85）

アンパンマン弁当
香川県・高松駅

1100円　高松駅弁　要予約
なんだか苦しそうにフタに縛りつけられたアンパンマン。パカッと外せばピュアウォーター入りの水筒に!!　元気いっぱいのキャラクター駅弁。ご飯の顔もおみごと。手提げ袋にもキャラクター（ぬり絵）が描かれ、子ども向き。

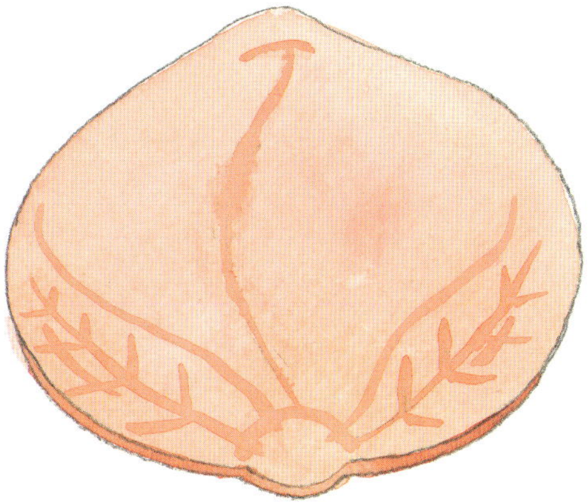

桃太郎の祭ずし
岡山県・岡山駅

1000円　三好野本店
桃太郎の故郷、岡山県。凛々しい桃太郎の箱をあけると、なんともかわいい桃色桃型容器が。甘めの寿司飯の上に、華やかに海の幸、山の幸をのせたちらし寿司。地元の祭りにはこれが欠かせないことから「祭ずし」と命名。

電車型容器

**電車好きにはもちろん、
ちびっこへのお土産に。
陶器製の器が楽しい。**

SLロクイチ物語
群馬県・高崎駅

900円　高崎弁当
蒸気機関車正面の器には、どこか機関車のパーツを連想させる具材がのっている。まるで車輪のようなれんこん黒糖揚げ、ヘッドライトのような栗甘露煮、竹炭ご飯、上州牛すき焼き風煮、厚焼き玉子はC6120の焼印入。

SL磐越弁当
新潟県・SL「ばんえつ物語」車内

1200円　新潟三新軒　要予約
JR磐越線の新潟駅（当初は新津駅）～会津若松駅間で運行している蒸気機関車「SLばんえつ物語」にちなんだ弁当。黒色の陶器製の容器にはかわいさと重厚感がある。各地の駅弁大会に登場することも。

N700系新幹線弁当
兵庫県・予約販売のみ

1050円　淡路屋
東海道・山陰新幹線のN700系新車両の登場を記念して発売したもの。子どもの好きなものばかりを集めたおかず。親戚のちびっこへのお土産に喜ばれる。陶器製の容器は食べた後、何に使おうか。

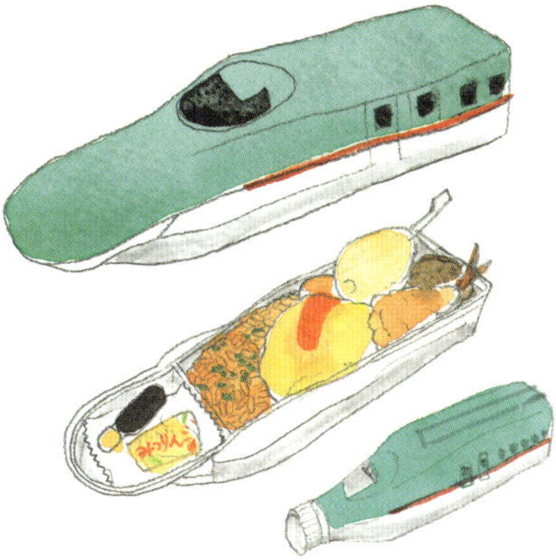

E5系はやぶさ弁当
青森県・八戸駅
新幹線はやて車内

1150円　吉田屋
ロングノーズのシャープなE5系はやぶさ。最高時速300kmに詰め込まれたのはアメリカンドッグ、オムレツ、ウインナー、エビフライ、ハンバーグ。みつりんごが青森らしい。明治25年創業の吉田屋は東北を駆け抜ける。

923形ドクターイエロー弁当
兵庫県・予約販売のみ

1050円　淡路屋
めったに目撃できない新幹線電気軌道総合試験車ドクターイエローも、駅弁なら手軽に会える。中身もサフランライスやエビフライ、オムレツ、カレーパスタ、スコッチエッグ、さつまいもなど黄色っぽいもので統一。

九州新幹線さくら弁当
福岡県・博多駅ほか

1150円　北九州駅弁当
九州新幹線全線開業を記念した弁当。九州新幹線さくらを再現した容器に、このあたりの名物かしわめし、エビフライ、ハンバーグなどお子様ランチ風に。さくら型のかまぼこがきれい。小倉駅でも要予約で取り扱っている。

駅弁女子 2

コラム

Ekibengirl

注文と受け取り方法

駅弁は食べたいけれど下車はしないというとき、たいていの場合、予約しておけばホームまで届けてくれる親切なサービスがある。

電話予約のときに、乗る電車の日時・列車名・何号車かを伝えて、待ち合わせ。乗降のために停車する1～数分の間に受け渡しをする。すぐ会えるかな？　ホントに来てくれるかな？　見知らぬ人と旅先で、しかも限られた短い時間でだなんて、スリリングな気もするが、相手は慣れているから心配ご無用。たとえば950円の駅弁なら、「1000円札を用意しておいてください。お弁当と50円のおつりをお渡しします」など、受け渡しがスムーズにできるよう、あらかじめ指示してくれたりする。

いよいよそのときが来たら、ドア付近のデッキでキョロキョロしていれば、特に名乗ったり確認しなくても、あうんの呼吸でお互いにわかるものだ。なんだかわざわざ申し訳ない気もするが、1個から快く引き受けてくれるので遠慮なく。でもそのかわりドタキャンはもちろん、寝過ごしなどに気をつけて、約束は守るようにしよう。

ほかにホームでなく、沿線の最寄り主要駅の売店まで届けてくれることもある。ぜひこのサービスを活用して、駅弁に出合う機会を広げよう。

駅弁女子のあこがれ電車

女子も乗ってみたい特別な列車。
電車に乗ること、それはもう旅です。

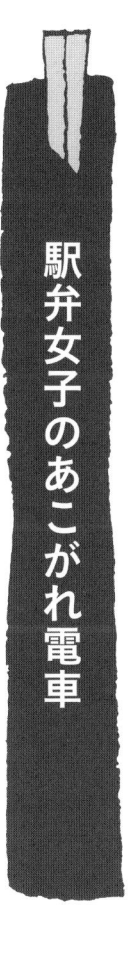

train 01

豊かな自然と足尾鉱山の遺構
わたらせ渓谷鐵道トロッコ列車
「わたらせ渓谷号」

群馬県〜栃木県

わたらせ渓谷号

トロッコ列車は4月から11月まで、主に土日祝日の一日1往復のみ運行。普通乗車券のほかに、トロッコ整理券が必要。大人片道500円。群馬県の桐生(きりゅう)駅から栃木県日光市の間藤(まとう)駅まで17駅、44.1キロメートルの区間を走る。4両の客車は、先頭と最後尾が元JRの窓ガラス付き普通車両で、中の2両が元京王電車を改造したトロッコ車両。

トロッコ弁当

群馬県〜栃木県
わたらせ渓谷号車内・神戸駅

900円
レストラン清流（神戸駅）　要予約

トロッコ車内のほか、レストランでも受け取れる。付け合わせもみなおいしい。量はちょっと多いかもしれないが、道中に飲食店など少ないので、しっかり食べておいたほうがいい。プラスチック製のお茶（100円）容器がかわいい！

「わ鐵《てつ》」の愛称で親しまれるローカル線。その歴史は古く、銅山の鉱石を運ぶための足尾鉄道として明治44年に開業した。昭和61年に廃止され、わたらせ渓谷鐵道に引き継がれたのは平成元年のことだ。

大間々《おおまま》駅で列車を待ちかまえていると、トロッコ列車「わたらせ渓谷号」が入線してきた。ディーゼル機関車はＳＬほどごつくなく、どこか愛らしい。予約した駅弁を受け取って、窓ガラスのないトロッコ車両に腰を下ろす。出発進行！

走り出すと涼風も爽やかに、渓谷が眼下に続く。舞い込んでくる花びらや葉っぱ、小さな虫たちといった珍客も愉快。「トロッコ弁当」はおかずの種類が豊富で機関車のごとくパワフル。なかでもゴロンゴロンとおっきな天ぷらと、もっちりおこわの具材として存在感を放つのが、群馬名産の舞茸。食感の違いも楽しめ

神戸駅　「こうべ」ではなく「ごうど」と読む。ホームではふるさと駅長が、地元で採れた山菜などを窓越しに販売。昔の立ち売りみたいなスタイル。この日はこごみ（200g 300円）、自家製山椒味噌（500円）を購入。

るし、天ぷらは風味が凝縮していてうまみたっぷり。

そうしているうち景色はだんだん山深くなる。合間に見える素朴な駅舎や橋梁、トンネルなどは開業当初に建設されたものが多く、今でも現役。平成20年までに38カ所が登録有形文化財に指定された。

長い草木トンネルに入ると、真っ暗な車内の天井にイルミネーションが灯った。「わ～！」あちこちで歓声にも似た声が上がる。けして豪華ではないが、心温まるもてなしだ。

そして風景が鉱山らしいまちに変わると、ほとんどの乗客が降りるのが通銅《つうどう》駅。「足尾銅山観光」という実物の鉱山を見学できる施設がある。木製の梁と柱で岩盤を支えた坑内は薄暗く水が滴る。江戸時代から現代までの作業の様子をリアルな蠟人形やCGで再現。最盛期には国内の銅産出量の４割を誇り、約400年もの間、東京～博多間に相当する総延長1234キロメートルを掘ってきたという。にわかには信じられない距離だ。

トロッコ列車に浮かれた往路。日本の近代化を支えた銅山の光と影を垣間見た復路。わ鐵しかり、足尾銅山しかり、ほとんど観光化されていないことが好奇心をそそり、生々しく時代を遡らせる。

掛水役宅

社宅だったらしき平屋の住宅群がところどころにある。古河掛水倶楽部に隣接した幹部用の役宅は明治44年築。内部を公開。周辺は商店も長屋も、金属の錆(さび)色とでもいうか、かつての繁栄の影とでもいうような姿。人の姿より、野生の猿の群れのほうが多い。

旧足尾鉱業所事務所付属倉庫

明治43年築。隣接する古河掛水倶楽部は、土日祝日10:00～15:00／大人300円。開館日以外は会社の施設として現役で使用されている。鉱山資料館や銅山電話ミニ資料館を併設。

89形車両

帰りは一般車両89形で。銅をイメージしたあかがね色がまた十分レトロ。

足尾銅山観光

栃木県日光市足尾町通銅9-2／9:00～16:30／入坑料大人800円
銅山坑内は遊園地にあるような小さなトロッコに乗って入る。

train 02

黒煙をモクモクとはく
圧巻の蒸気機関車
秩父鉄道「パレオエクスプレス」

埼玉県

パレオエクスプレス

普通乗車券のほかに「SL座席指定券」(700円)または「SL整理券」(500円)が必要。運転日の1カ月前から発売開始。運行期間は毎年4月頃～12月上旬。昭和63年のさいたま博覧会をきっかけに復活した。わたしがはじめて乗ったSLでもある。沿線のまち並みや観光スポット、駅弁もすっかり気に入って、ここ数年、毎年乗っている。

SLべんとう

埼玉県・秩父鉄道熊谷駅
パレオエクスプレス車内

700円　秩鉄商事　要予約

予約して熊谷駅ホームまたは車内で受け取る。地味めだが、とてもおいしい。ＳＬをかたどった海苔は大人心までもくすぐる。パッケージは、沿線でも人気の長瀞(ながとろ)の絵。長瀞は大正12年に国の名勝・天然記念物に指定され、コンパクトにいろいろなレジャーを楽しめるエリア。奇岩の織りなす絶景のなかを、船頭さんの手漕ぎ和船で下る「ライン下り」や「宝登山(ほどさん)」「宝登山小動物公園」など。

へぇ〜、“シュッシュッポッポ……”本当にイメージ通りのSLの音がする。そのことだけで早くも感動。旧国鉄の蒸気機関車C58を、昭和63年にパレオエクスプレスとして再出発させた。ちょっと小型だが、それでも石炭の黒煙をモクモクとはく黒い鉄の塊は圧巻の迫力だ。

土日祝日などの限定運行日は、ホームが家族連れや鉄道ファンであふれる。子どもは初めての体験に、大人は懐かしい思い出にそれぞれ胸を熱くしている様子。ＳＬは熊谷駅から三峰口駅までの全長56.8キロメートルの区間を、2時間40分かけてゆっくり走る。移動手段というより、乗ること自体がイベントだ。

熊谷駅ホームと車内で販売され

カフェ・パリー

昭和2年築の食堂。和洋中あり。昭和のベーシックな商業建築だが、細部の装飾などがかつての繁栄をしのばせる。現在も営業中。

秩父国際劇場(廃業)

もとは明治築の芝居小屋だった。平成22年解体予定だったが、イタリアンレストランとして再生する計画だそうだ。まちのなかでも存在感の大きい建物。

京亭

埼玉県大里郡寄居町寄居547
☎0485-81-0128 / 11:00 〜 19:00
火定休(祝日は営業)
昼夜とも5000円(税・サービス料別)のコースから。1000円ごとにグレードアップ。鮎のうるか、日干し、炭火塩焼き、甘露煮、鮎飯など。きちんとオシャレして行きたい店ながら、散策後に気楽に寄らせてくれる大らかさがありがたい。宿泊可。

秩父神社

武田信玄によって永禄12年(1569)に焼かれ、その後、徳川家康により再建。寅の年・日・刻に生まれた家康にちなんで、社殿4面に虎が彫られている。なかでも左甚五郎作「子宝子育ての虎」は表情豊か。ほかにプラス思考の三猿も必見。

るのが「SLべんとう」。赤いウインナーにナポリタン、ミートボール、玉子焼き……奇をてらわないおかずが勢揃い。子どもの頃を思い出すスイッチのような弁当だ。

SLを十分満喫して、終点近くの御花畑駅で下車。秩父駅方面へ散策を楽しもう。かつて絹織物で栄えたまちは、立派な商家や蔵などが数多く点在。登録有形文化財に指定された「小池煙草店」(廃業)、豚肉味噌漬けの「安田屋」、食堂「カフェ・パリー」、「秩父国際劇場」(廃業)。文化財でなくても「たから湯」、変わった名前の「クラブ湯」、内蔵《うちぐら》がギャラリーになっている「こみに亭」。観光マップなしに気ままに歩いていても、挙げきれないほどのレトロ建築に出合える。日光東照宮の眠り猫で有名な名工・左甚五郎《ひだりじんごろう》による彫刻が見事な、秩父神社もまた素晴らしい。

寄居《よりい》駅には、わたしが心を寄せる「京亭」という料理屋がある。木々に覆われ、しんとした屋敷は、まさに隠れ家というのにふさわしい。料理にさり気ない気配り、生け花……すべてが自然のようであり、造り込まれているようでもある。鮎料理が名物で、特に6月から10月は目の前の荒川でとれた天然物が味わえる。わたしの一番好きな魚、鮎！　古き良き建物で、最高の料理に舌鼓。子ども心から始まり、大人な時間で終えた旅だった。

train 03

展望席を予約して大名気分なり
小田急「ロマンスカー」

東京都〜神奈川県

よく出かける身近な旅先のひとつに小田原や箱根がある。旅先も好きだが、小田急ロマンスカーが大好き。車内でスペシャルに楽しむために、二つ事前予約することをおすすめしたい。一つ目は先頭と最後尾にある展望席の予約。視界を遮るものがほとんどないガラス張りの車窓は、見晴らし最高。まるで運転士さんにでもなった気分。これが特別料金なしの一般料金（運賃＋特急料金）内なのだから、予約しない手はない。

二つ目は３種類ある予約弁当。席に着く頃合いを見はからって、乗務員さんが素敵な笑顔で座席まで届けてくれる。熱いお茶もうれしい。わたしは箱根大名行列にちなんだ「大名弁当」が気に入っている。駕籠を模した箱は一見、格

ロマンスカー

展望席が設置されている車型は最新型のVSE（前後各16席）、レトロなLSE（前後各14席）、HiSE（前後各14席）の3種類。最後尾の展望台は、進んでいるような戻っているような不思議な感覚。新宿駅からだけでなく、平成20年には北千住駅から青いロマンスカー MSEが開通した。東京メトロ内ではじめての座席指定特急である。ただし展望席はない。

大名弁当

小田急ロマンスカー車内

1300円
小田急レストランシステム　要予約

箱根大名行列は江戸時代の参勤交代を再現した祭りで、毎年11月3日に箱根湯本で行われる。ほかに銀座大増(だいます)の「雅楽(うた)」(2500円)、「花の舞」(1800円)。すべて日本茶付き。予約なしの車内販売には電車型の駅弁やおむすびのほか、軽食もある。

式張っているが、肩に担ぐ竿の部分に箸が入っているところなど、おちゃめな遊び心もある。２段になっている箱の上段はおかず。下段は雅な扇型に成形された五目御飯と、黒胡麻のかかった白飯の2種。多からず少なからず適度なボリューム。もちろん大名気分でいただいた。

さて、旅気分を楽しみ、かつ飽きもこない、ちょうどよい頃に着いたのは小田原。かつては戦国大名・北条氏の城下町、江戸時代には東海道の宿場町としても栄えた歴史都市だ。駅近くの小田原城址公園には、まちのシンボル小田原城がある。現在の天守閣は昭和35年に復原されたもの。内部には古文書や武具などの歴史資料が展示され、最上階からは相模湾が一望できる。ミスマッチながらなんともほほえましいのが、小さい遊園地と動物園。市民にも観光客にも愛されている。

そうして帰りには、旅といえばお土産。小田原駅のすぐ前にある「まると」の特選ひものがすこぶるおいしい！　地元相模湾でとれた脂ののった鯵や、上品なえぼ鯛、金目鯛など、天然塩を使った伝統製法で仕上げられている。塩加減が絶妙で、魚のうまみが存分に引き出されている。あわせて買ったわさび漬けと一緒に食べれば、さらにおいしさが引き立つ。帰宅しても、しばらくはこれで旅の余韻を味わうことができるわけだ。

小田原城

園内には巨木が多く、本丸の巨松は市の天然記念物。開館時間 9:00～17:00（6～8月の土・日・祝日は18:00）／入館料 一般400円／休館日 12月第2水曜、12月31日～1月1日

まると

小田原駅前には干物店や土産物店などが軒を連ね、なかでも「まると」の干物は絶品！

報徳二宮神社

小田原城址公園の隣には、かの二宮尊徳(金次郎)を祀った報徳二宮神社がある。最近は見かけることが少なくなった金次郎像も健在だ。

train 04

ゆったりとした時間を楽しむ 小湊鐵道といすみ鉄道各駅停車の旅

千葉県

小湊鐵道といすみ鉄道

小湊鐵道は五井駅～上総中野駅間39.1キロ、いすみ鉄道は上総中野駅～大原駅間26.8キロを走るローカル線。上総中野駅では、小湊鐵道と第三セクターのいすみ鉄道の両方が見られることも。五井駅には1920年代の開業当時のSLが保存されている。9:00 ～ 17:30まで、駅員さんに声を掛けて見学可。

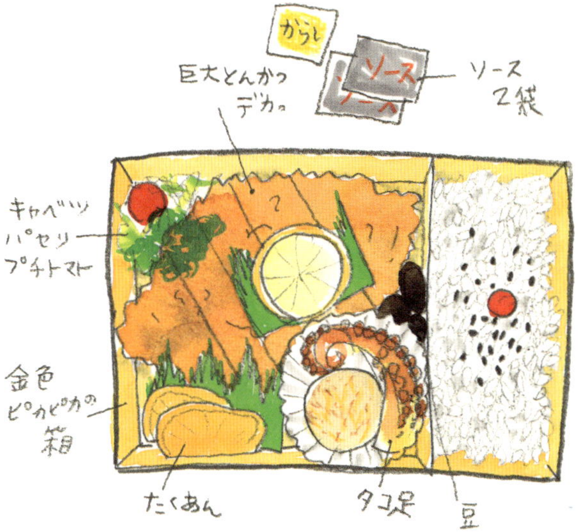

忠勝弁当

千葉県
いすみ線大原駅

1000円　傘屋商店　要予約

戦国武将・本多忠勝にあやかり、必勝、とんカツ、と縁起をかつぐ。大きなとんカツがダイナミック。大原駅で土日祝日のみ販売。平日は予約が必要。ほかに要予約の「伊勢えび弁当」(1500円)が有名。千葉県は伊勢えびの漁獲量日本一だ。小湊鐵道には駅弁がない！が、始発の五井駅の連絡通路で、一般的なお弁当を買うことができる。たまにはこういうのもいい。(→p37)

20代の頃はローカル線や各駅停車の旅に、興味さえ持っていなかったが、年々そのゆったりした時間の贅沢さがわかるようになってきた。沿線のまちや人の素朴さ、長い待ち時間さえも魅力的に感じる。電車ごと楽しもうと出かけたのは、房総半島を走る小湊鐵道の旅。ベージュとオレンジに塗り分けられた車体が愛らしい。車内ではロングシートの間にある丸柱が、なんだか不思議だ。旧国鉄のマークが入った扇風機も発見。

発車してほどなく、車窓の景色は田園と山々になる。まずは上総《かずさ》牛久《うしく》駅で下車。瓦屋根の寄棟造《よせむねづくり》が素朴な駅舎はこぢんまり。次の電車までたっぷりある待ち時間を利用してタクシーで「市原ぞうの国」へ。国内最多飼育数だけあって、優しい目をしたたくさんの象さんに会える。再び電車に乗り、次は養老渓谷駅で下車。ふむ、養老の滝ってここにあったんだ。白鷺が横切る渓谷では、軽いハイキングが気持ちいい。

養老渓谷

自分の体力に合ったコースでハイキングを楽しめる。わたしは粟又の滝(養老乃瀧)周辺の約2キロを気持ちよく歩いた。一年でいちばん美しいという紅葉の時期は11月末から。

市原ぞうの国

象のショーやサッカーを見て、なんて器用でかわいいんだろうと興奮。ほかにもいろいろな動物がいて、モジモジおとなしいカピバラがすっかりお気に入りになった。

終点の上総中野駅まで行くと、いすみ鉄道に接続している。黄色い車体は春、房総に咲き誇る菜の花をイメージさせる。終点の大原駅で、ようやく駅弁「忠勝弁当」をゲット。そして知る人ぞ知るこだわりの酒蔵「木戸泉酒造」へ。で〜っかい杉玉に目を奪われる。明治12年に酒造業をはじめ、昭和31年、3代目によって熟成のための「高温山廃モト」が開発された。寒仕込みが一般的だが、ここでは55度の高温で雑菌類を死滅させてから酵母や乳酸菌を加える。こうして長期熟成古酒「オールド木戸泉」が完成。

昭和43年には農薬や化学肥料を使わない、自然農法の米だけを使った純米酒の製造を開始。今でこそ無添加・無農薬への意識が高まっているが、時は高度経済成長期のまっただ中、よくぞ挑戦したものだと胸が熱くなった。もちろん味もとてもおいしく、この旅を機に、今ではすっかり木戸泉の酒が家での定番となったのだった。

木戸泉酒造株式会社

千葉県いすみ市大原7635-1
☎0470-62-0013
酒蔵見学は事前に要予約。瓶詰めなどひとつひとつ手作業。どれもおいしいが、個性があるのは一段仕込み多酸酒「AFS（アフス）」。これほど酸味の強い日本酒は飲んだことがない。まるでワインのよう。琥珀色をした20年ものの「古今」は、意外に飲みやすい。良質の紹興酒のようなコクと、まろやかで角の取れた熟成感。

駅弁大会

混んでいても行くべし！
ハズレのないパ駅弁パラダイス

なんといってもその代表格といえば、昭和41年から毎年開催されている東京・京王百貨店の「元祖有名駅弁と全国うまいもの大会」。毎年1月には、混雑ぶりと熱気がテレビなどでしばしば紹介されている。しかし尻込みしていてはもったいない。行くのだ。そう、ここは駅弁パラダイス。全国から250種もの駅弁が集結する。

会場に近づくにつれてそわそわ。エレベーターから出る頃にはつい小走りしたくなるほど心躍る。長蛇の列をなす目玉の駅弁に目が奪われがちだが、歴史ある大会だけあって厳選されたものばかり。ほとんどハズレがない。会場にある駅弁マップを片手に狙いを定めるのもいいが、女子ならば目くじら立てず、気ままに楽しくめぐろう。思いつきで買っても十分の収穫あり。

約30種類の実演販売では、現地から来た販売員さんと方言まじりの掛け合いも愉快。旅先でもなかなか出合えないできたての温かい駅弁を、会場のお休み処で食べることもできる。輸送駅弁とよばれる現地でつくられたものは、数が少なく売り切れ御免ながら、次々といろんな種類が並ぶ。目移り必至で、はっきりいって1個にしぼるのは難しい。えい！思い切って何個も買っちゃおう。戦利品に心も満たされて、帰り道はなんだかちょっと旅に行ってきたような気にさえなる。

駅弁大会は、デパ地下やスーパーマーケット、イベントなどでも大小開かれている。ぜひのぞいてみよう。

駅弁女子 3
コラム
Ekibengirl

駅弁女子セット

女子たるもの、楽しくかわいく
駅弁タイムを過ごしたい。
ちょっとした気配りグッズを、
コンパクトにまとめて出かけましょ。

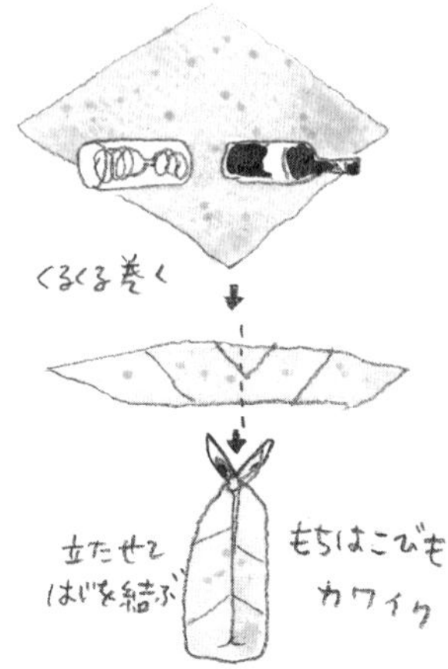

くるくる巻く
立たせて
はじを結ぶ
もちはこびも
カワイイ

小さくて軽い双眼鏡
SLやトロッコ列車のときなど

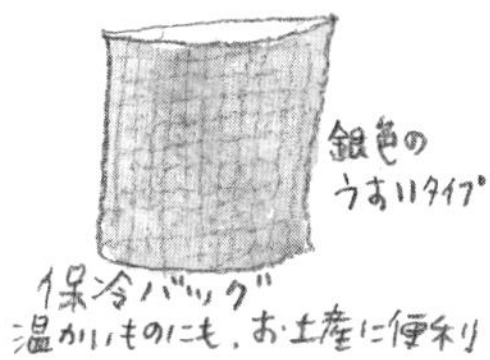

銀色の
うすいタイプ
保冷バッグ
温かいものにも、お土産に便利

ワインオープナー
だれか持ってる
と思ってだれも持ってない…
プラスチックグラス
お酒はもちろん
お茶や水、ジュースでもワンランクUP
駅弁女子
2つに分かれる
重ねられる
ワイン・お酒
手軽にパッ
風呂敷
あまり大きくない
中ぐらいのもの
ペーパーナプキン
お友達にもあげられるよう数枚あるといい
ひろげて敷いてもいい

駅弁女子のしあわせ旅行

旅先の名物や名所、風土を知れば、
駅弁に込められた郷土愛が
より深く伝わってきます。

travel 01

大人になったからこそ行きたい世界遺産・日光東照宮

栃木県

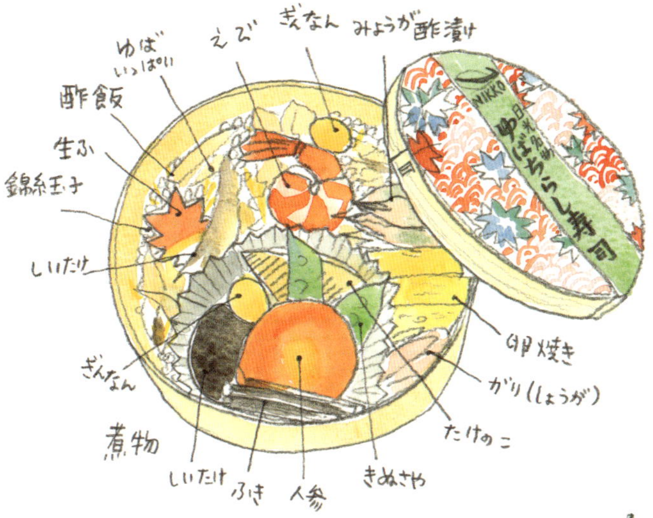
ゆば
いっぱい
えび
ぎんなん
みょうが酢漬け
NIKKO
日光名物
ゆばちらし寿司
酢飯
生ふ
錦糸玉子
しいたけ
ぎんなん
煮物
しいたけ
ふき
人参
きぬさや
たけのこ
がり(しょうが)
卵焼き

ゆばちらし寿司

栃木県・東武日光駅

850円　油源(あぶらげん)

調製元は安政6年(1859)創業。輪王寺出入りの許可を得て、初代油屋源七(あぶらやげんしち)が、菓子・供物商を始めた。以来土産物や、現在では弁当などを販売。(→p31)

ささむずび

栃木県　東武日光駅

5個入り750円　日光鱒鮨本舗

鱒寿し、姫寿し、ちらし寿しをアレンジした3種の笹巻き寿し。小さめのおむすび型は友達と分けっこしやすい。東照宮参拝に持っていけば、道中心強い。(→p33)

平成11年に世界遺産に登録されて以後、近年のパワースポットブームでさらに人気が高まっている日光東照宮。東武日光駅では2軒の売店で駅弁が販売されている。名物の湯葉を使った「ゆばちらし寿司」と、同じく名物の鱒を使った「ささむすび」を買い求めた。東照宮までのバスを待つ間、参拝に備えて構内で腹ごしらえ。

修学旅行以来の東照宮参拝は、朱塗りが鮮やかな神橋《しんきょう》からスタート。ほどなくあらわれたのは日光《にっこう》山輪王寺《ざんりんのうじ》。東受付所で「二社一寺共通拝観券」を見つけた。山内の東照宮、二荒山《ふたらさん》神社、輪王寺と、さらに輪王寺大猷院を拝観できる。輪王寺の奥が本命の東照宮だ。

広い参道の石鳥居をくぐると渋い五重塔。これが序の口と言っては失礼か、55棟あるという国宝や国指定の重要文化財は、表門から先の境内がすごかった。これでもか！ と言わんばかりに、鮮やかで複雑で奇抜で繊細で派手な彫り物が、ぎっしり施されている。中国やタイのような異国の感じもする。有名な三猿にも引けを取らない素晴らしいものが大量にあるので、もうどこを見たらよいかわからないほど。さすが徳川家康公を祀っているだけある建物群だ。

権現造りの本社建物は東照宮の中心。大広間では折り上げ格天《ごうてん》井《じょう》に、狩野探幽とその一門が描いた見事な100頭の龍や三十六歌仙を見ることができる。本地堂で大きな鳴龍《なきりゅう》の天井画を見ながら、鈴を鳴らしたように共鳴する拍子木を聞く。ん、思ったほど響くわけじゃないな……。

そしてお隣、日光二荒山神社へ。日光という地名は二荒を音読みした「ニコウ」に当て字したものといわれ、ここが日光信仰の中心であることがうかがえる。

二社一寺をまわるとざっと半日はかかり、気がつけば夕暮れ時。歴史と文化、芸術、古来の山岳信仰は、すべて初めて見たように感じた。大人になってからこそ触れたい、世界に誇れる文物であった。

東照宮上神庫の「想像の象」

上神庫は神様の倉庫の意。下絵を描いた狩野探幽は実物の象を見たことがないという。龍や麒麟、妖怪みたいなものなど想像上の動物がいっぱい。

風情ある参道は、ゆうに100年以上の歴史がある老舗店が多く、寺社との関わりが深い。行くまで知らなかったが、羊羹店が多い。ほかにも紫蘇の葉を巻いた唐辛子や酒饅頭など、おいしいものにたくさんめぐり合えた。

吉田屋

いろいろな商品があるが、水羊羹がおすすめ。棒状に切られている。あっさりした食感と味。

ひしや

一日一釜限定の練り羊羹。売り切れ御免。甘さ控え目でおいしい。パッケージには家紋の菱の中に眠り猫が。

山伏

おみやげを見ていると参道商店街に日光修験!? とおぼしき山伏の行列が現れてビックリした。

落合商店

平屋の素朴な建物。「志そ巻きとうがらし」は通常のものと大辛、激辛とあり、1袋530円。じっくり塩漬けした唐辛子に、塩漬けの紫蘇を1枚1枚巻いたもの。昔からの製法と無添加の材料で全工程手作業。やみつきになる香りと辛さ。

travel 02

おいしい精進料理の宿坊と「善光寺」最古の現存天守「松本城」

長野県

松本城

入城料600円。城内には急な階段がいっぱい。最上階への階段などは見たこともないほど急。わたしの好きな原始的な仕掛け「石落とし」もあった。天守・渡櫓・乾小天守は、16世紀末に築造された現存最古の城郭建築。

岩魚ずし

長野県・松本駅／塩尻駅

840円　カワカミ

塩尻駅の名物だが、松本駅でも買える。インパクトあるパッケージは昭和47年からほぼ変わらぬデザイン。結構甘い味付けは、昔ながらという感じの味わいだ。一緒に買った信州諏訪の地酒「真澄吟醸あらばしり生原酒」がよく合う。

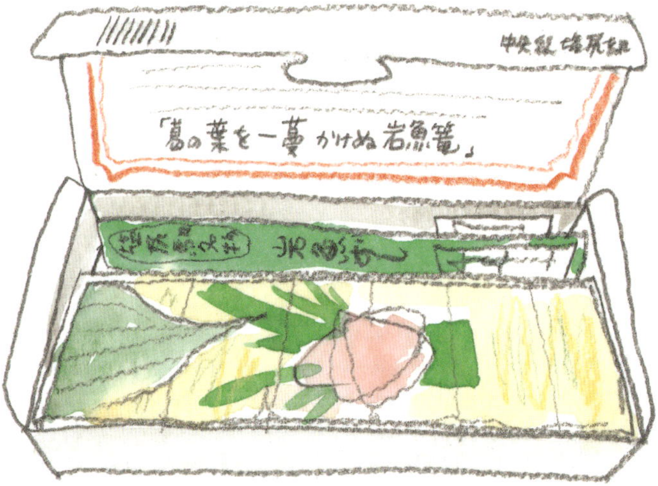

一度は訪れたい寺社のひとつ、善光寺へ。長野駅から表参道まで一直線に続く中央通りは、大正時代には問屋がひしめいた通りで、大火から寺を守るために土蔵造りが多い。近年、この土蔵を中心にリノベーションが盛んで、洒落た雑貨店や土産物店が並ぶ。行きにもかかわらず、ついお土産を購入。

善光寺に着けば、旅行のポスターなどでお馴染みのあの建物だ。黒くておっきい！　装飾の少なさがまた一層迫力を増している。参拝に込める思いを深めるために「宿坊」に泊まってみることに。39ある宿坊群のなかでも料理が評判の「兄部坊《このこんぼう》」を予約。宿坊にはご住職がいらして、精進料理と「お朝事《あさじ》」への参加以外は、普通の旅館と変わらないとのこと。

善光寺

創建は644年、仏教がまだ各宗派に分かれていない時代。天台宗大勧進と浄土宗大本願により管理されているが無宗派。多くの寺が女人禁制だった時代に女性の参拝も許されるなど、広く老若男女に開かれた寺だった。「お朝事」は、一年を通して毎朝、日の出とともに(最も早い夏場は5時半、最も遅い冬場は7時半)始まる勤行。「お戒壇めぐり」は、宿坊に泊まらなくても内陣券(500円)で入れる。

夕食はコースのように次々と料理が運ばれてくる。わっ！　精進料理の概念が変わるほどおいしい‼　旅の疲れと心をほぐすよう、意外にも「般若酒《はんにゃとう》」といって、お酒類も許されている。味に品数に量に大大満足。お腹がいっぱいで、すぐに布団にもぐり込んだ。

翌朝はまだ暗いうちに執事さんに起こされ、善光寺の「お朝事」とやらへ案内される。天台宗と浄土宗の僧侶の一行がしずしずと参道に現れ、参拝者の頭を数珠でなでながら通る。「お数珠頂戴《じゅずちょうだい》」という儀式で、ご利益がありそう。本堂では厳かなお経を聞き、祭壇裏の「お戒壇めぐり」へ。床下の真っ暗な回廊を何度も折れ曲がりながら進む。本当の真っ暗闇ってはじめて。いろいろ珍しい経験を終えた頃には、前夜がウソのように腹ペコ。野菜の消化の良さを実感。心も体もデトックスだ。

宿坊をあとにして松本へ。全国に12カ所ある現存天守のうち最古の松本城に足を延ばす。5層6階の天守はかなり大きく、黒い色は世が世なら恐ろしく感じられるような雄姿だ。町なかには松本民芸家具に代表されるように、優れたクラフトやインテリアの店が多い。長野でも松本でも、歴史と現代のセンスが合わさった文化度の高さに感心しきり。

そうして帰りには、駅弁とワインと日本酒を買って特急あずさで宴会だ。

八幡屋礒五郎

元文年間(1736-41)の創業。最古の善光寺名物で、三大七味のひとつといわれる唐辛子店。ブリキ缶七味はきっと見たことあるはず。ほかにも木製のひょうたん、唐辛子入りオリーブオイル、プチ缶ストラップなどお土産にぴったりの品揃え。

宿坊「兄部坊」

長野市元善町463
☎026-234-6677
創建は善光寺と同じ644年とされる。宿泊料は料理によって10500円、13500円。じゃがいものなます、豆腐と湯葉の蒲焼き風、干し柿ごま衣の揚げ物など盛りだくさん。名物「法飯(ほうはん)」は、ご飯の上に5品の薬味をのせ、高野豆腐入りの昆布と椎茸の出汁をかけたもの。どれも丁寧でやさしい味。宿泊なしの昼食・夕食のみもある。

travel 03

B級グルメな駅弁と上質なワイナリー

山梨県

丸藤ワイナリー
（丸藤葡萄酒工業株式会社）

山梨県甲州市勝沼町藤井780
☎0553-44-0043／8:00～17:00（ワイナリー見学は9:00～16:00）／日祝定休（事前予約の場合は見学可）平日は予約しなくても自由に見学可。カーブ・ギャラリー見学、テイスティングができる。ＪＲ勝沼ぶどう郷駅からタクシーで約10分。明治23年創業。

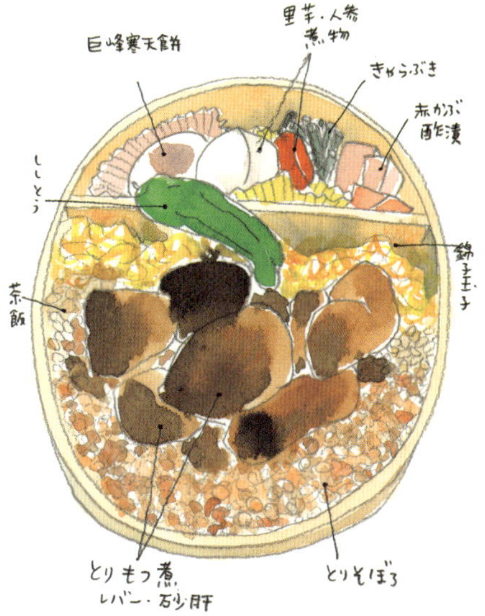

甲州とりもつべんとう

山梨県・甲府駅

880円　丸政

近頃はやりのB級グルメでグランプリをとったとりもつ煮を駅弁にしたもの。甘辛の濃厚なタレはかなりのしっかり味。男性や若者が好みそうな味かな。巨峰寒天餅がフルーツ王国・甲府らしい。(→p41)

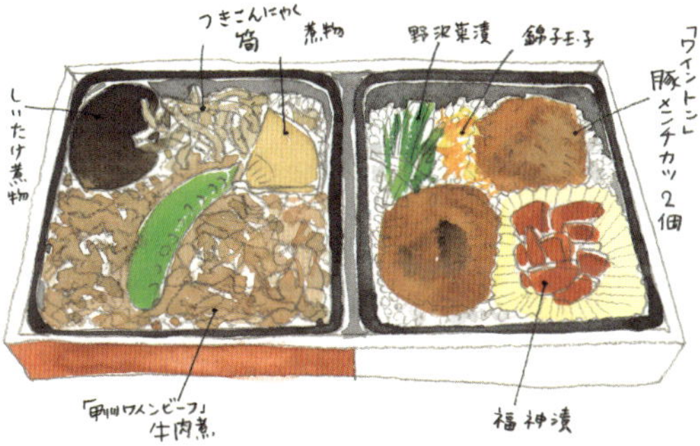

甲州ワインで育った「牛と豚の弁当」

山梨県・甲府駅／小淵沢駅

1100円　丸政

中身が二つに分かれている。牛のほうは「甲州ワインビーフ」を使用した甲州甘辛牛丼。豚のほうは「ワイントン」を使用した甲州風ソースメンチカツ丼。(→p43)

JR新宿駅にちょっぴりするどい顔つきで現れたのは特急かいじ。「かいじ」とは、都と甲斐《かい》国をむすぶ甲斐路のこと。中央本線の東京駅・新宿駅〜甲府駅・竜王駅間を運行する。最初のうちは見覚えのある駅が続くが、速いスピードで通過すると、なんだか非日常的に感じる。やがて住宅地より自然が多くなり、いつしか辺り一面が葡萄畑だ。起伏にとんだ斜面に爽やかな緑が広がる。「大好きなワイン！」がそこにあるのだと思うと居ても立ってもいられない。

でも楽しみは最後にと、駅弁を求めに甲府駅へ。種類豊富な丸政は大正７年創業。「甲州とりもつべんとう」「甲州ワインで育った牛と豚の弁当」を選ぶ。ほかに幕の内弁当「甲府駅のおべんとう」

丸藤ワイナリー

ブランド名「ルバイヤート」はペルシャの詩人たちが詠んだ4行詩のこと。3代目のときに訪ねてきた詩人・日夏耿之介(ひなつこうのすけ)により名づけられた。「シャリオドール」も日夏の命名で、「黄金の馬車」の意にふさわしい濃い色合い。甘口だが飲み飽きせず、魚から肉料理まで幅広く合う。

レストラン「風」

山梨県甲州市勝沼町下岩崎2171
☎0553-44-3325／水曜定休／要予約
圧巻はシェフがテーブル横で切り分けてくれるローストビーフ! 教会風の大空間で、ワインと料理をフルに堪能。

や「元気甲斐」など、地元らしいネーミングがおもしろい。会社に誰かユーモラスな人がいるのかな、などと想像しながら愉快に食べた。

　そして各駅停車で勝沼ぶどう郷駅へ。駅にいきなりグラスワインが飲める売店があり、早くも気分高揚！　さらにタクシーに乗れば、驚くほど次々とワイナリーが現れる。目指したのは丸藤葡萄酒工業。以前、知人からいただいた1987年物のシャリオドールという甲州種を長期熟成した白ワインに感動したからだ。

　いつか訪れたいと思っていたそのワイナリーは、上質なセンスが光る、期待以上に素敵なところだった。100年以上経つ蔵とカーブを見学。一部屋分もある役目を終えたコンクリートタンクは、今は瓶熟成庫に。長年の間に壁に付着した酒石が、ほの明かりに幻想的にきらめく。それを照らすランプは、大正時代の害虫誘殺器を転用したもの。そこかしこに愛着と歴史が感じられる。4代目の大村治夫さんは「自分にしか、このワイナリーにしか、この土地にしかできない葡萄で、世界レベルのワインをつくりたい」と、丁寧な仕事でワインに向き合っていた。

　最後に勝沼醸造直営レストラン「風」でディナー。自社ワインのほか、丸藤など勝沼ワインが手頃に揃う。現地を見たことで日本ワインを見直し、すっかりファンになった。

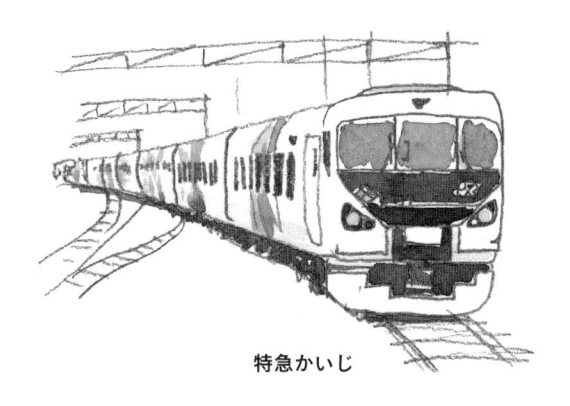

特急かいじ

travel 04

おいしさダントツ「あなごめし」宮島の絶景と原爆の歴史

広島県

宮島

宮島口駅から宮島へはフェリーで約10分。厳島神社をはじめ神社仏閣と自然が織りなす風景が美しい。参道の土産物店では、しゃもじをつくる職人の姿、店頭で焼くかきや紅葉饅頭の香り、と名物に触れることができる。

あなごめし
広島県・宮島口駅前

1470円　うえの

紅葉と鳥居をあしらったレトロな掛け紙も素敵。穴の開いたビニール袋は立ち上る湯気に配慮した、でき立てホカホカの証。店内でいただくこともでき、昼時ともなれば行列ができる。宮島にはほかにもあなごめし店や弁当がたくさんあるのでお間違いなく。

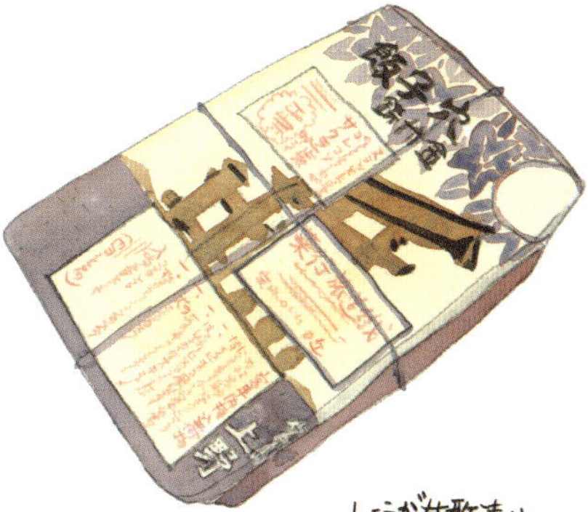

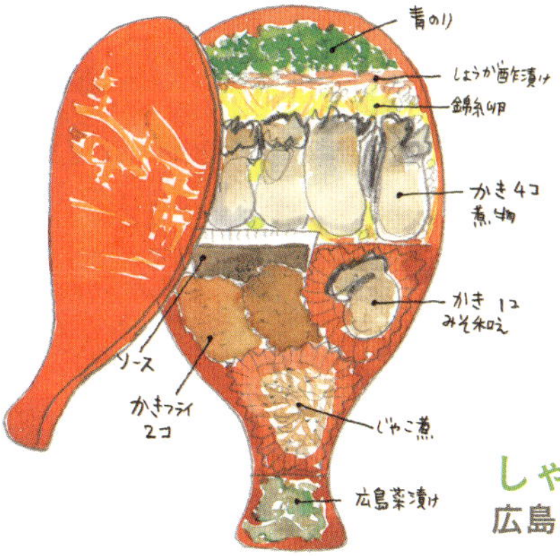

しゃもじかきめし
広島県・広島駅

1050円　広島駅弁当
季節限定（10月〜3月）（→p47）

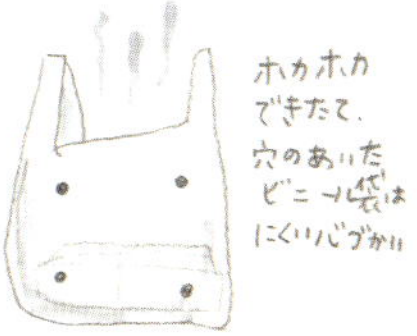

駅弁のなかでどれが一番おいしいか？　と聞かれれば、迷わずこの「あなごめし」を挙げたい。世界文化遺産を観光するために行った安芸の宮島は、朱塗りの厳島神社の鳥居と海、島の山並みはどこを切り取っても絵になる風景だ。寺社の建物、立ち並ぶ参道の土産物店、愛くるしい鹿たち……充実した見どころがコンパクトに収まっている。しかし、この「あなごめし」を食べた今となっては目的が逆転。次回は弁当を旅の目的にしたいと思ったほどだ。

駅弁というか駅前弁当!?　宮島口駅のすぐ目の前に店を構えるのが「うえの」。明治30年、鉄道の開通に合わせて茶店を開き、のちに地元料理のあなご丼をもとに「あなごめし」を考案した。店頭

宮島の鹿

鹿って紙を食べるの!?　マップを眺めていたらがぶりと引きちぎられてビックリ。被害者続出。でもぱっちりの瞳で見られたら許さずにはいられない。

原爆ドーム

には引きも切らずお客さんがやってくる。その人気のおかげか、手渡されたのはアツアツの一箱。温かい駅弁なんてまずめったにお目にかかれない。急いで広電に乗り込み、フタを開ければ立ち上る湯気と香ばしさが押し寄せる。贅沢にびっしりと敷き詰められた穴子。ふっくらした食感と絶妙のタレ、あら出汁で炊いたご飯が一体となっている。ひゃ〜、これはうまいっ‼　我を忘れて夢中で掻き込んだ。

　広島市内では原爆ドームや広島平和記念資料館を見学。はじめて目の当たりにした悲惨なできごとの記録に、涙をとめることができなかった。また被害に遭いながら現在もカフェとして使われている建物や、世界平和記念聖堂という心を打つ建築にめぐり会えた。この聖堂は犠牲者を弔い、世界の平和を願うために建設されたものだ。その目に見えない想いが、建築という形で見事に表現されている。

　実のところ岩手出身のわたしにとって、広島は遠いところであり、原爆は生まれるずっと前のことであり、どこか他人事だったかもしれない。しかしこうして現地を訪ねたことで、悲惨な歴史から目をそらしてはならないと思った。その想いは東日本大震災が起こったことで、より強くなった。

世界平和記念聖堂

新高輪プリンスホテルや都ホテルの設計などで知られる建築家・村野藤吾の最高傑作。設計にあたっては戦後最大級のコンペが行われたが、一等該当者がなく、審査員であった村野自身が担当することとなった。窓などに松や梅のほか日本らしいモチーフが使われている。

アンデルセン

全国的に店舗展開しているが、ここ広島が発祥の地。この建物はもと銀行で、原爆でも奇跡的に残った。朝食が大人気。パンの香りに包まれて並ぶのも楽しい。
広島市中区本通7-1　朝食7:30 ～

ビールスタンド重富(重富酒店)

広島市中区銀山町10-12
17:00 ～ 19:00
わ～！ ビールってこんなにおいしかったっけ。ごくごく普通の酒屋の片隅に2時間だけビールスタンドが現れる。偶然通りかかって入店。ラッキー。壱度、弐度、参度、重富注ぎの4種類の注ぎ方に、昭和、平和の泡バージョンとこだわりの注ぎ方。角(かく)うち(酒屋の一画で飲むことで、九州に多い)のような感じだが、蝶ネクタイのマスターの紳士的な接客は女子でも入りやすい。

travel 05

金比羅山に美術館にお城に温泉に よくばり四国めぐり

香川県・高知県・愛媛県

道後温泉

日本三古湯のひとつで3000年もの歴史があるとか。夏目漱石も『坊ちゃん』で絶賛。宿でなく、共同浴場だったのは意外だった。昔の銭湯ってこんなふうに使っていたんじゃないかな。貸しタオル・浴衣・お茶・お菓子セットあり。松山市内には復元したSL型の坊ちゃん列車も走っている。

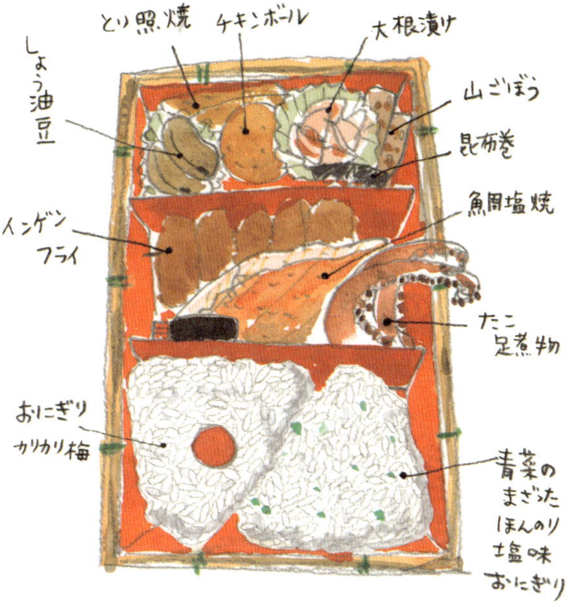

とり照焼
チキンボール
大根漬け
しょう油豆
山ごぼう
昆布巻
鯛塩焼
インゲンフライ
たこ足煮物
おにぎり
カリカリ梅
青菜のまざったほんのり塩味おにぎり

お遍路さん弁当

香川県・高松駅

950円　高松駅弁

瀬戸内名物イイダコの煮付けなどのおかずは、バランスがよくおいしい。香川名物で、土産物店でも売られていたしょうゆ豆も入っていた。そら豆を焦げ目がつくまで炒った後、砂糖・醤油・みりん・唐辛子を合わせたタレに漬けたもの。ちょっと甘い。

　美しい島並みを眼下に、瀬戸大橋を渡って丸亀へ。駅前には大好きな猪熊弦一郎現代美術館がある。猪熊の絵も好きだが、建築家・谷口吉生が設計した建物も、のびやかで気分がいい。こんなに質の高い美術館が駅前にあるなんて、寄らずにはいられない。さらに、ガラッと気分を変えて丸亀城へ。お城って坂がしんどいのは当たり前だが、ここのは半端ない。しかし息を切らして上った先にあったのは、とってもちっちゃな天守閣。拍子抜けしてがっかり。でも反面、なんかかわいくも思えた。

　ところで四国を旅していると、あちらこちらでお遍路さんを見かける。さすがは霊場八十八カ所詣りの土地柄だけある。次に降り立った高松駅では、やっぱりあった、その名も「お遍路さん弁当」。竹の皮を編んだような籠の容器とおむすびが、とても素朴。昔話に出てきそうな感じだ。

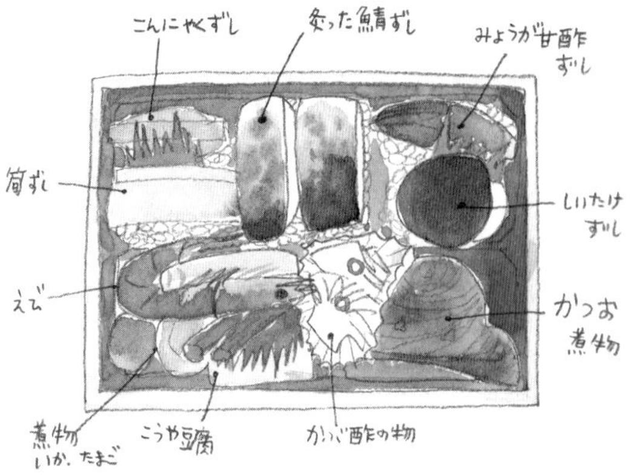

こんにゃくずし
炙った鯖ずし
みょうが甘酢ずし
筍ずし
しいたけずし
えび
かつお煮物
煮物 いか、たまご
こうや豆腐
かぶ酢の物

龍馬弁
高知駅・高知駅

1000円　仕出しのあんどう

龍馬伝説から生まれた弁当。みょうがやしいたけ、こんにゃくなど、ネタに野菜が使われた珍しい田舎寿司。名物のかつおは角煮で。

かつおたたき弁当
高知駅　高知駅

1050円　仕出しのあんどう

生ものを駅弁にするというチャレンジ精神がいい。しっかり保冷剤がついている。薬味にポン酢という本場高知ならではの食べ方。

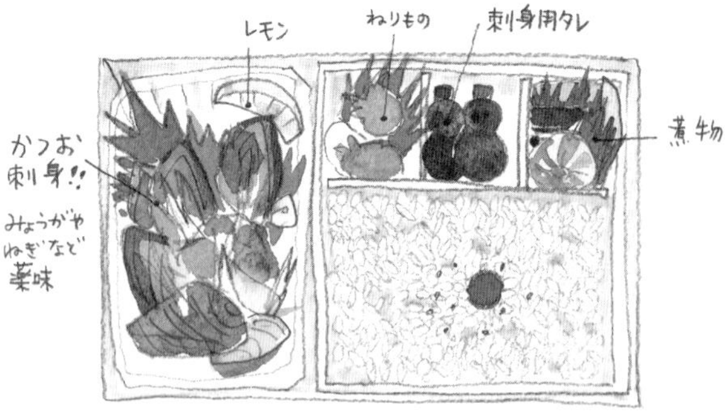

レモン
ねりもの
刺身用タレ
かつお刺身!!
みょうがやねぎなど薬味
煮物

そしてのどかな琴電で向かったのは金比羅山《こんぴらさん》。門前のくねった階段とそこにはり付く土産物店は魅力的な風景。以前、故・中村勘三郎さんのこんぴら歌舞伎を観たことのある金丸座を見学。現存する日本最古の芝居小屋は、芝居がかかっていないときでも気分が高揚するようだ。人力の廻り舞台やセリが原始的でおもしろい。

続いて高知駅で買った「かつおたたき弁当」は、まさかと思ったけど、なんと駅弁にお刺身が入っているではないか。龍馬もビックリだ。市内には土佐電気鉄道の路面電車が行き交い、ここでも現存天守のひとつ高知城に上ってみる。

せっかくならばと足を延ばした松山では、憧れていた道後温泉を一目見に。商店街はいかにも温泉街という感じで、ひやかし歩きも楽しい。明治27年築の近代和風の建物は、噂に違わず素晴らしい。外観だけでなく内部も風情たっぷり。洋風の浴室では、掛け流しの源泉がすこぶる気持ちがいい。入浴後、2階の大広間で休憩すると、旅の疲れもすっかり飛んで、ここまで来たら松山城へ攻め入るぞ！と元気復活したのだった。

丸亀城

天守閣は小さいが、総高66メートルある石垣の頂上に建てられていて、城下町や瀬戸内海の眺めがいい。

金丸座(旧金毘羅大芝居)

天保6年(1835)創建。「金丸座」の愛称で親しまれている。昭和45年に国の重要文化財に指定。昭和47年から4年間かけて移築復元。昭和60年から「四国こんぴら歌舞伎大芝居」が開催されている。

猪熊弦一郎現代美術館

ミュージアムショップが充実していて、お土産にぜひ。カフェレストランも併設。猪熊の作品は東京・上野駅中央改札上の壁画にも見られる。

かわいいお土産

駅や駅周辺で買えるかわいいお土産をご紹介。
おともだちのだけじゃなく、自分の分もお忘れなく。

お香セット
東京都・東京駅グランスタ

840円　まめぐい
電車のヘッドマーク柄9種が、小さなお香に。使うのがもったいなくてずっと飾っていた。けど、よし今だ！と、使ってみることに。見た目だけでなく香りも素敵です。

ロシアチョコ詰合
新潟県新潟市

1箱1280円　ロシアチョコレートの店マツヤ
レーズン、りんご、いちじく、プラムなどをチョコレートでコーティングしたロシアチョコレート。カラフルな紙に包んだ12種類を1個ずつ入れたマトリョーシカ化粧箱も素敵。

富山の薬
富山県・富山駅売店

1包315円～
さすがは富山の薬売り。実用というよりはお土産用。レトロな絵柄は1包ずつばら売り。「アスナオール」や「ケロリット」などおもしろい名前も。笑える愉快なお土産になるはず。

起上もなか
石川県金沢市

7個入840円　金沢うら田
わ～、かわいい！　箱を開けると赤ちゃんみたいなホクホクとした笑顔がひしめきあっている。縁起のよい起上小法師風の最中には、小倉餡がぎっしり。お祝いごとやお見舞いに。

ながまし　かきもち
石川県・七尾駅売店

ながまし1個105円、
かきもち320円／530円　藤屋
「でか山」という日本一大きな山車を引く青柏祭(せいはくさい)。名物「ながまし」は、餅とあんの素朴な味だが、奇抜な色彩が目を引く。昔からお祝いや魔除けに使われてきた。カラフルな「かきもち」は炙ったり揚げたり。

横浜チョコレート　赤い靴
神奈川県・新横浜駅
赤煉瓦倉庫ほか

1足273円　エクスポート
小さな箱に小さな赤い靴が1足お行儀よく入っている。♪赤い靴はいてた女の子　異人さんにつれられて　行っちゃった……物悲しい童謡と、甘いミルクチョコの組み合わせに胸キュン。

福徳せんべい
石川県金沢市

5個入1260円　落雁 諸江屋
おめでたい福俵や打出の小槌、砂金袋をかたどった米煎餅の皮。その中に縁起物の小さな土人形と金花糖が入っサプライズなお菓子。なにが出るかな？　運勢占いをしてみよう。

ほや酔明
宮城県・東北新幹線車内

1箱340円　水月堂物産
わたしのなかでは、新幹線内で買えるおつまみナンバーワン。乾燥ほやはシンプルな塩味で、噛みしめると海の味がする。東日本大震災で一時中止に。復活してくれてよかった。

駅弁女子 4
コラム
Ekibengirl

土瓶型容器のお茶

旅情感と駅弁を盛り上げる土瓶型容器のお茶。湯飲み茶碗がわりになっているふたに、注いでいただく。缶やペットボトルから直接ぐびぐび飲むよりも、素敵じゃないの。プラスチック製は軽くて旅のお伴によいし、陶器製のものはより風情がある。いずれもたまにしかお目にかかれないが、上野駅の「駅弁屋　匠」では懐かしの「土瓶茶」(630円、ティーパック付き)が常時買える。青い陶器製は自宅のティータイムでも活躍まちがいなし。

駅弁女子のいとしき東京駅

東京駅が、女子がときめく場所に大変身。
おしゃれで便利でおいしくて、
駅弁もい〜っぱいです。

ご存じの通り平成24年、東京駅丸の内駅舎保存復原工事が完成し、東京の玄関は新名所と言っていいほどに生まれ変わった。

駅のお土産ってちょっとダサいと思っていたのは一昔前のこと。復原にあわせて駅ナカや周辺のビルが少しずつ変化し、グランドオープンしてからは見違えるように便利でオシャレでおいしくなった東京駅。もはやお土産だけでなく、自分用の買い物や食事にと使い方が広がった。グランスタには初出店の店や、期間限定ショップやメニューも多く、何度行っても飽きない。駅舎をモチーフにしたグッズも種類豊富だ。

たくさんの旅人を見守ってきたこの駅舎は、辰野金吾の設計により大正3年に建設されて以来、もうじき100年を迎える。その間には苦難もあった。戦災の空襲によ

生まれ変わった
赤煉瓦駅舎の東京駅は
便利でオシャレでおいしい

り南北のドームなどを焼失。しかし財政難のため元通りに復原することが叶わなかった。それが今、復原工事で建設当初の姿を蘇らせ、現代に魅力を放っている。

完成した外観を記念撮影する人も多いなか、わたしは眺めるたびについ感慨深くなる。工事中に東日本大震災が発生し、屋根に使う予定のスレート瓦が産地の石巻で津波に流されてしまったのだ。知人の屋根職人を訪ねて現地に行ったのは、地震後の4月初旬。変わり果てた景色の中、そこには会社が流されたことなどそっちのけで、瓦を拾い集め、懸命に泥を洗う彼らの姿があった。すべてとはいかなかったが、石巻の瓦を使うことができて本当によかったと思う。こういう歴史や思いもひっくるめて、さらなる歴史が刻まれていくことだろう。

東京駅のここが、私のお気に入り。
ステーションギャラリーで、創建当時の煉瓦壁や
八角屋根駅舎ドーム天井を間近で眺めよう。
ショップにはオリジナリティあふれるオシャレな作品がいっぱい。
ステーションホテルのラウンジで優雅なお茶を楽しみ、
復元屋根をかたどった郵便ポストも探してみたい。

ポスト

丸の内中央口改札付近の構内には、復原屋根をかたどった東京駅型ポストが登場。東京駅とすぐ横の東京中央郵便局の風景入通信日付印が押印される。古くて新しい東京駅の風景、こんなのが届いたらきっとうれしい。

東京ステーションギャラリー

ミュージアムショップには、駅弁や電車、駅舎をモチーフにしたグッズがいっぱい。

東京駅 駅弁タオル

各2100円
おっと！　ミュージアムに駅弁!?と思ったらタオルじゃないの。梅、胡麻、海苔の3タイプの駅弁が素朴に表現されている。駅弁好きでなくても笑ってもらえる贈り物に。

東京ステーション ギャラリーマグカップ

各1575円

白レンガと赤レンガの2種。東京駅を感じつつ、飽きずに長く使えそう。

Brick Block Memo

1890円

赤煉瓦1個!?　むむ？　と思って持ち上げたら軽いじゃないの。ペラペラめくれるメモ帳はとってもリアル。歴史をめくるごとくいっぱい書きたい。一筆箋に使いたいけど、1枚だとなんだかわかってもらえるかしら。

東京ステーションホテル ロビーラウンジ

鉄道駅併設ホテルの第1号。今でこそ珍しくないが、当時はヨーロッパスタイルと利便性でいつも満室だったとか。レトロに感じられたお部屋やラウンジも、復原に合わせて一新。宿泊はもちろん、ロビーラウンジのティータイムでくつろぐことも。優雅な居心地と、細やかなサービスはさすがホテル。コーヒーやティーのおかわりありがとう。目にも楽しい「ホテルメイド焼たてフレンチトースト」1600円(税別)。

駅弁屋

東京駅では新幹線改札やホームなど、
従来からある駅弁店や売店でサッと買うのもいいが、
せっかくなら時間をとって
「駅弁屋 祭」「駅弁屋 踊」「グランスタ」へ。

チキン弁当
構内売店

800円　日本レストランエンタプライズ
売店で視界の片隅にいつもあったチェック柄の箱。ようやく食べてみましたよ。予想通りの味は、子ども心に返らせてくれる、ずっと愛せそうな味。さすが昭和39年発売のロングセラー。遅ればせながらこれからよろしく。

東京弁当
構内売店

1600円　日本レストランエンタプライズ
東京の名だたる老舗の味が、一堂に会した贅沢駅弁。「浅草今半の牛肉たけのこ」「魚久のキングサーモン粕漬け」「青木の玉子焼」……。旅人も東京人も東京観光が体験できる。掛け紙と同じ赤煉瓦駅舎の絵ハガキ入り。(→p21)

ぶりかまステーキ弁当
「駅弁屋 祭」

980円　ますのすし本舗源
季節限定（11月中旬～4月下旬）
富山「ぶりかまめし」（p44）の東京駅バージョン。脂ののった２センチほどの厚い切り身は、とろとろと柔らかく、骨がなくて食べやすい。酢飯に、甘酢しょうが、甘酸っぱいらっきょうなどさっぱりとした脇役。

ヒレかつとたまごのポケットサンド
グランスタ

470円　とんかつまい泉
まん丸い形がかわいくて衝動的に手に取ったサンド。ご存じ、まい泉のかつサンドのグランスタ限定バージョン。かつ、ソース、とろりとした黄身の玉子がしっとりとした新しい食感に感動！こぼれにくいとこもいい。

雲丹わっぱめし
「駅弁屋 祭」

1000円　札幌バルナバフーズ
新千歳空港などで売られている空弁がときに並ぶことも。さすがは北海道という一品。生とは違う香り豊かな蒸しうにの風味を、薄味で引き立たせている。全体を上品にまとめた、おいしいわっぱだ。

賛否両論弁当
ノースコート「ニッポンの駅弁」

1500円　日本レストランエンタプライズ
名旅館や老舗料亭、予約のとれない人気店とコラボしたニッポンの駅弁シリーズ。恵比寿の和食店「賛否両論」。テレビでもお馴染みの笠原将弘シェフが監修。手軽にその味を知るチャンスがやってきた。

グランスタ

グランドオープンした後もドンドン進化する
地下街グランスタ。有名店の初出店、
アイデア品、限定品など、あらゆる角度から
楽しさいっぱい。迷うこと必至だ。

長谷川酒店

雑踏の中、充実した酒屋には角打ちともいうべきバーが。踏み込めば、時間つぶしをうっかり忘れるほど魅惑の酒が。好みの日本酒片手にちょっとした、おいしいものをつまみつつの時間は至福。普段から立ち寄りたい。「きまぐれ三種つまみ盛り合わせ」400円。

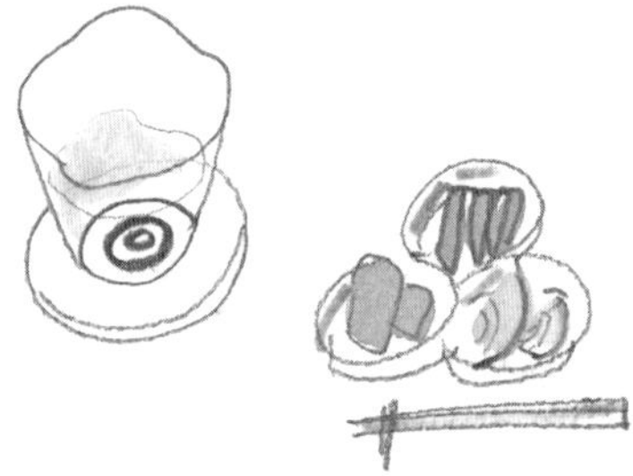

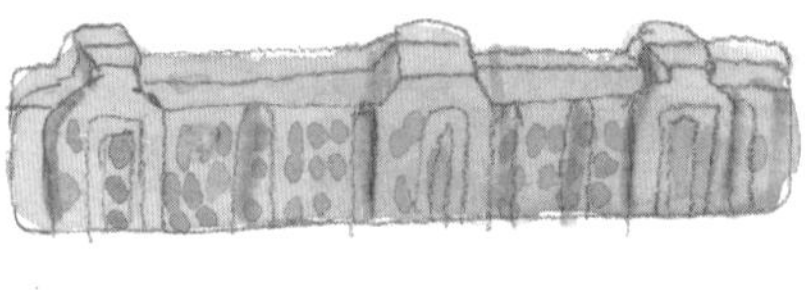

東京駅謹製カレー

1箱1000円　SOLEILA（ソレイラ）

東京駅謹製ハヤシとのセットも。駅舎モチーフの中でも存在感あり。意外にもレトルトじゃない。1箱で8皿分のカレーとハヤシライスが作れる、フレーク状のルウ。カレーは特製カカオマス付、ハヤシは煮込み用ブーケガルニ付。

駅舎最中

5個入1250円　あわ家惣兵衛

白っぽい最中皮でちょっと上品な駅舎に。食べやすいスティック状の最中の中身は、小豆と爽やかなバタークリーム。和と洋の素材を組み合わせた感じが、東京駅舎の建築様式とも合っている。

駅弁女子のその他モロモロ

駅弁をより一層楽しむためのヒント、
ソノタ、モロモロ集めてみました。
ちょっとおまけのページです。

駅弁容器再利用術

気がつけば、個性的な
容器がたまってきた。
楽しく再利用する方法はないかしら。
使える？ 使えない？ それとも笑える？

駅弁の魅力のひとつに容器があげられると思う。もしも、もしもだけれど、あの人気の横川の「峠の釜めし」が釜に入っていなかったら、「ひっぱりだこ飯」がたこ壺に入っていなかったら、「やきはま丼」がはまぐり型の器でなかったら……。そう、やっぱり容器は駅弁の大事な要素なのだ。旅の楽しさがぐんとアップする。

でもせっかく重い陶器を持ち帰ったはいいが、さて何に使おうかな？　となると意外に浮かばないものだ。まあ、漬け物でも入れとこうかなとか。そして旅先で楽しかったはずの形は、家では二つ、三つと重ねられず、面倒なことになってしまうことも。そこで、積極的に再利用する方法を考えてみた。うまくいったものあり、ビミョーなものあり。

いずれにしてもどこかクスッと笑えるのが、駅弁容器再利用というものだろう。

峠の釜めしの小さな釜は、文句なしに再利用容器の代表格。はじめてこの釜でご飯を炊いてみたのは、一人暮らしを始めたばかりの大学生の頃。炊飯器で一人分を炊いても、実家で家族と食べていたときとなんか違う……。そんなわけで、この釜でのご飯炊きにチャレンジすることに。水加減や所要時間など知るはずもなく、ばあちゃんに電話してからなんとなくやってみた。不安と期待のなか、小さいながらも土鍋で炊いた白飯は、とってもおいしかったのだ。それからはすっかりこの釜が好きになった。

白飯を炊く
1〜2人分
土鍋ごはんは
おいしい！
（数回使うと割れることも）

水耕栽培

おでんのからし入れ
平澤かまぼこ店（王子）

立ち飲みおでんの店
からしがたっぷり！
でも家では真似できない…

プランター
穴を開けるのは大変だから
苗についてるビニールのまま
入れるといい。

峠の釜めし
群馬県・横川サービスエリアほか

1000円　峠の釜めし本舗おぎのや
調製元は、明治18年に横川駅で創業し、昭和33年から峠の釜めしを販売。ホームページで詳しくご飯の炊き方を紹介している。店舗で使った釜は入念に洗浄して再び使う。客が自宅に持ち帰ったものは全販売所で引き取ってくれ、粉にしてアスファルトの材料としてリサイクルしている。名実ともに再利用・リサイクルのお手本だ。

かにめし

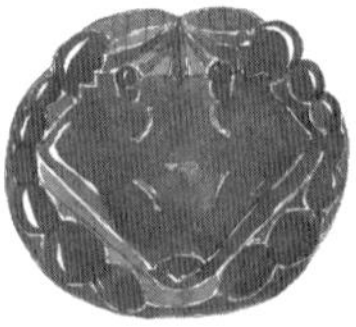

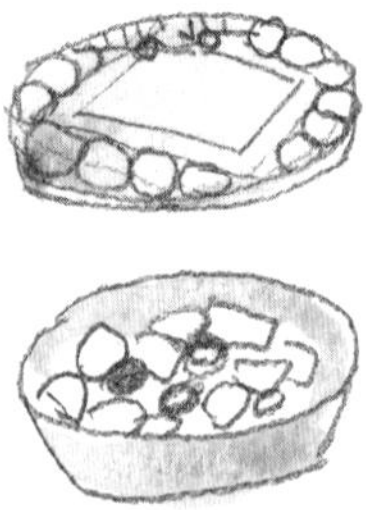

タッパー

駅弁容器の中では
かなりフタがピッタリ
している。フツーに使える。

佐賀名産
特製ちらし寿司

煮物の器

これが1番
自然に家になじんだ

山菜松茸と祭寿司

電子レンジ

プラスチックのフタが
ついていたので、
電子レンジで温めるとき!!!
対応かどうかわからないが
今のとこうまく使えている。

印籠弁当

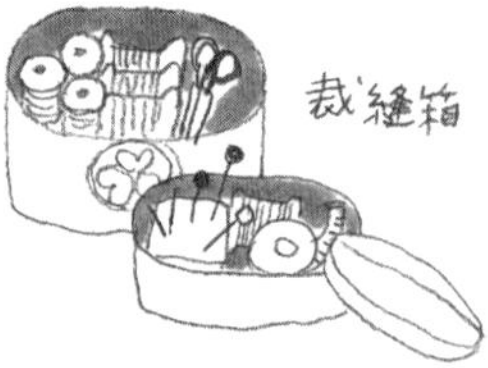

裁縫箱

だるま弁当

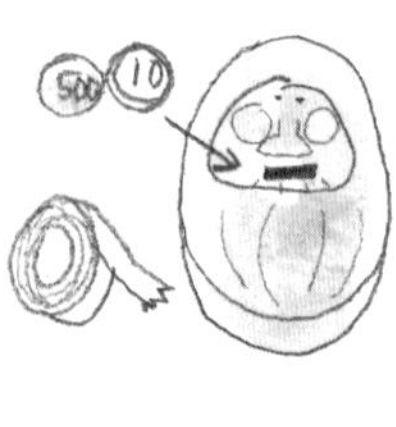

貯金箱

口に穴が開いてる。
でもフタがすぐ開くから
意志を強くもつか、
テープをはる。

鮎ずし

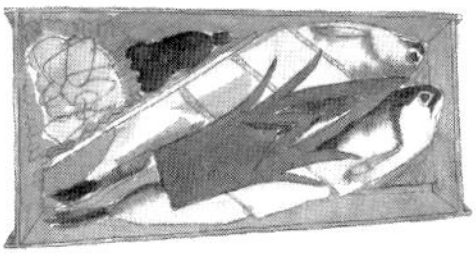

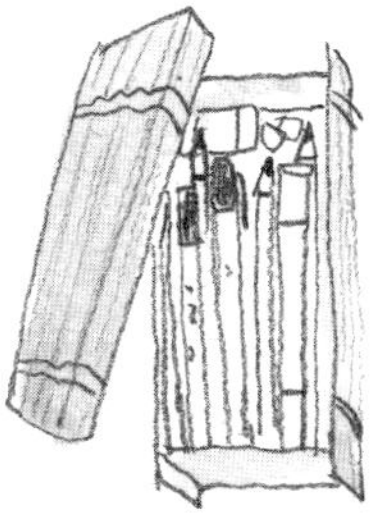

筆箱
少し大きいので
持ち歩くより
お家用に。
たくさん入る

ひっぱりだこ飯

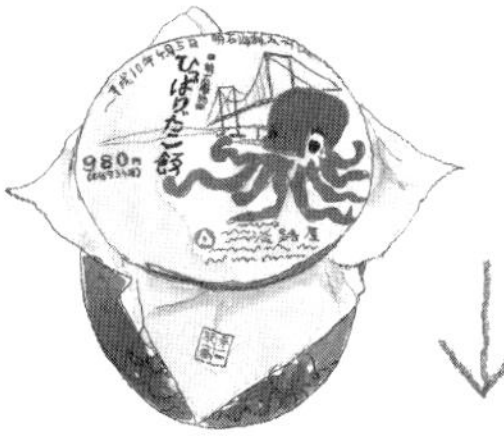

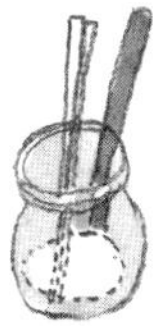

鍋のときの
おたま菜箸入れ

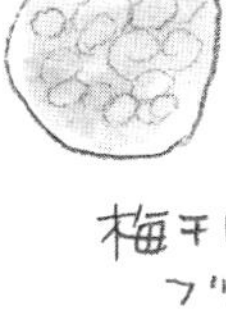

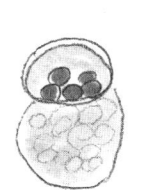

梅干し入れ
フツーに

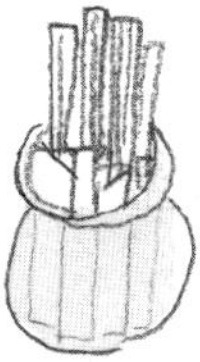

割り箸立て

復古だるま弁当

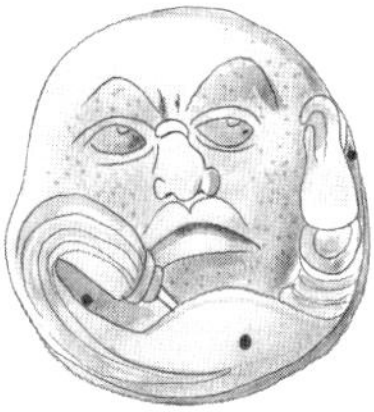

蚊取りだるま
なぜかフタに
穴が開いている
そこから煙が
モクモク！
と期待したけど…
酸素不足で消えちゃう
フタを少しずらせば
なんとか使える

蚊取りブタより
効果ありそう

駅舎

和洋折衷のレトロな駅舎は旅人の目を楽しませる。
哀愁漂う小さな駅舎、文化財の立派な駅舎、
ちょっとキッチュな駅舎。

琴平駅 (JR徳島線)

駅舎もいいが、駅前に狛犬や灯籠が並ぶプチ参道が琴平らしい。青色の「JR」と赤色の「琴平駅」のネオン文字が浮かぶ夜景が、どこか艶っぽくて好き。琴電の愛称で親しまれるレトロな琴電琴平駅も近い。(→p88)

浅草駅 (東武線スカイツリーライン)

松屋浅草が入るビルは平成24年、東京スカイツリーの開業に合わせて、昭和6年の建設時のアールデコ様式に戻す改修が行われた。東武線ホームは2階部分。電車は隅田川を渡って急カーブで入線する。

片瀬江ノ島駅
(小田急電鉄江ノ島線)

浦島太郎も立ち寄りそうな竜宮城のよう。派手な建物は江の島らしいとも、浮いているとも見える。ほかに江ノ島駅、湘南江の島駅がある。江の島は海、神社、参道、鍾乳洞とコンパクトに見どころが詰まっている。

銚子駅 (JR東日本・銚子電気鉄道)

ぬれせんべいで一躍有名になった銚子電鉄。JRと接続するオランダ風!?の駅舎は、以前は風車の羽が付いていたらしいが、破損後そのままに。ボロい駅舎、ボロい電車、愛おしいです。がんばって！　乗りに行って応援しよう。

出雲大社前駅 (一畑電鉄大社線)

縁結びの神として近年、女子に人気沸騰中の出雲大社。その最寄り駅は意外にも洋風でかわいらしい。かまぼこ形の緑の瓦屋根にステンドグラスはどこかキッチュ。近くに廃線になったJR旧大社駅が残る。こちらは純和風。

木造駅 (JR東日本五能線)

迫り来る日本海の荒波、りんご畑、世界遺産白神山地。郷愁をさそう風景がつづく五能線で、極めて異色な土偶がモチーフの駅舎は、ふるさと創生事業による建物。五所川原から津軽鉄道で太宰治の生家を訪ねるのもいい。

門司港駅 (JR鹿児島本線)

レトロ門司港を代表する近代建築は、東京駅と同じ大正3年築。洗面所、手水鉢など戦前からの遺構も多い。駅舎として初めて国の重要文化財に指定された。平成24年から30年完成予定で修復中のため、現在は仮駅舎。

掛川駅

駅の北口にまわるともうひとつ、新幹線停車駅で唯一の木造駅舎が残っている。昭和15年に建造され、焦げ茶色の板張りの外壁と瓦屋根の建物は、簡素ながらある程度の大きさもあって見ごたえがある。

西桐生駅（上毛電気鉄道上毛線）

昭和3年の開業当時から使用され、マンサード屋根が特徴的だ。上毛電気鉄道はトレインサイクルといって運賃のみで自転車を車内に持ち込める。地元密着の珍しい光景。絹織物で繁栄したまちはノコギリ屋根や近代建築が点在する。

通洞駅（わたらせ渓谷鐵道）

鉱山用語の「通洞」をあてた足尾鉄道（現わ鐵）らしい駅名。ドイツの山小屋風の駅舎。足尾銅山の通洞坑は明治18年に開坑。銅山の廃坑を利用した「足尾銅山観光」は昭和55年から観光施設に。（→p52）

日光駅（JR 日光線）

東京駅より2年早い大正元年築。木造の白い外壁が上品な近代建築だ。2階はもとは1等客の特別待合所だった。長年、設計者は謎とされていたが、地元の郷土史研究家により、当時20代の若き建築家・明石虎雄と判明。

遠野駅 (JR釜石線)

遠野物語や河童伝説などの昔話、母屋と馬小屋がつながった南部曲り家で知られる民話のふる里。重厚な石造り風の建物は東北の駅百選。2階がホテルに。岩手軽便鉄道(現釜石線)は宮沢賢治の『銀河鉄道の夜』のモデルとか。

真岡駅 (真岡鐵道)

SLそのものというデザイン。内部のSL館には、展示や関連グッズあり。真岡鐵道では土日祝日を中心に1時間に約1往復「SLもおか」が走る。まさにSLづくしの駅だ。関東の駅百選。沿線には焼き物で有名な益子も。

上総鶴舞駅 (小湊鐵道)

映画やテレビのロケ地としてよく登場。関東の駅百選。ミーハー心で途中下車。小さな無人駅はちょっと……いやだいぶ寂しい。寄せ書きノートがあるのもうなずける。電車が来たときの喜びはひとしお。(→p64)

長瀞駅 (秩父鉄道)

SLパレオエクスプレスも停車する。赤い屋根に郵便ポスト、1本の松の木は写真映りよし。長瀞渓谷のライン下りにキャンプ、天然かき氷、宝登山ロープウェイと楽しさ満載の人気観光地。隣の上長瀞駅もレトロ。(→p56)

地元の酒

**電車旅の醍醐味は、
昼間からお酒を飲めること!?
その土地の駅弁にはその土地の
酒が合うに決まっている。**

真澄
長野県・松本駅売店

信州諏訪の地酒・真澄の「吟醸 あらばしり生原酒」。こういう冬の名物が駅売店にあるのがうれしいよね〜。蔵元を代表する生まれたての酒。ほかにシャトーアルプスの「SHIOJIRI WINE」の小瓶など、地元の酒を駅弁に合わせたい。

木戸泉
千葉県・大原駅

木戸泉酒造
独自の手法・高温山廃仕込みの特徴がよくでた、木戸泉酒造の看板商品。酒米山田錦のうまみと乳酸菌の豊かな酸味は、冷や酒はもちろん、ぬる燗でも抜群においしい。旅先では4合瓶に駅弁と、渋くいこう。(→p66)

東京駅
東京駅グランスタ

1本500ml入り650円
長谷川酒店グランスタ店には厳選された各地の酒が揃う。東京駅ビールは福生の地ビール「多摩の恵」を瓶内発酵させたもの。ほかに日本酒の東洋美人など東京駅柄ボトルの商品もいろいろ。

TOKYO STATION
東京駅グランスタ

1本330ml入り450円
グランスタ丸の内坂エリアの「ルコリエ」では、泡をテーマにお酒と雑貨が並ぶ。ビールのほかにスパークリングワインやホワイトエールもある。

甲州ワイン
山梨県・甲府駅売店

蒼龍(そうりゅう)葡萄酒
さすがは日本有数のワインの産地。甲府駅や勝沼ぶどう郷駅では旅行に便利なカップワインが買える。甲州種100パーセントの白ワイン&駅弁でハッピー。

神戸ワイン弁当
兵庫県・駅弁大会

1600円　淡路屋

ワインに合わせた見た目には、駅弁随一のクラシックな気品が漂う。ステーキが中心の本格的な洋食コースの料理に、神戸産のシャルドネの白がよく合う。優雅な駅弁タイムをどうぞご満喫くださいまし。

ごきげんべんとう
島根県・松江駅

1500円　一文字家　要予約

駅弁に合うお酒を一緒に買いたい！　それが駅弁の中に入っちゃった。しかもまさかの2本！　辛口「湖上の鶴」と甘口「國暉」の地酒。夢の駅弁はその名も「ごきげんべんとう」。ちまちまおつまみ的おかずをつついて気分よし。

ぽんしゅ館
新潟県・越後湯沢駅

巨大土産物コーナーcocoloには、新潟土産がい〜っぱい。米、酒、酒風呂なるものまで。「ぽんしゅ館」では、いくらなんでも酔っぱらい過ぎでしょ！　と思ったら人形か、あはは。多種ある塩や味噌をつまみにツウな飲み方も。

駅弁グッズ

駅弁グッズはそんなに多くない。
もっと増えればいいなと願いを込めてご紹介。

いかめしグッズ

森駅キヨスク・いかめし阿部商店

愛らしい赤い箱や、いかめしそのものをモチーフにしたユニークなグッズを多種にわたって展開している。いかめしマニアでなくても欲しくなる珍品は、身につけていればきっと話題になる。
電話注文も可(☎01374-2-2256)

マスコットねつけストラップ　350円(税別)
ランチトート　1500円(税別)
Tシャツ(白・赤・黒)　1900円(税別)

ひょうちゃん醤油差し

崎陽軒
シウマイ弁当に付属の醤油差し。当初はガラス瓶だったが、戦後に磁器製のひょうたん型に。イラストは初代横山隆一氏、2代目原田治氏、3代目柳原良平氏。平成22年には初コラボで劇団四季キャッツバージョンが登場。

シウマイ年賀状

1枚550円(切手代含まず)　崎陽軒
5枚まとめて買うとプレゼントが。平成25年は、ひょうちゃん携帯クリーニングストラップだった。受け取った年賀状は「昔ながらのシウマイ」15個と引き換えてもらえる。年賀状を出すほうも、受け取るほうもうれしい。

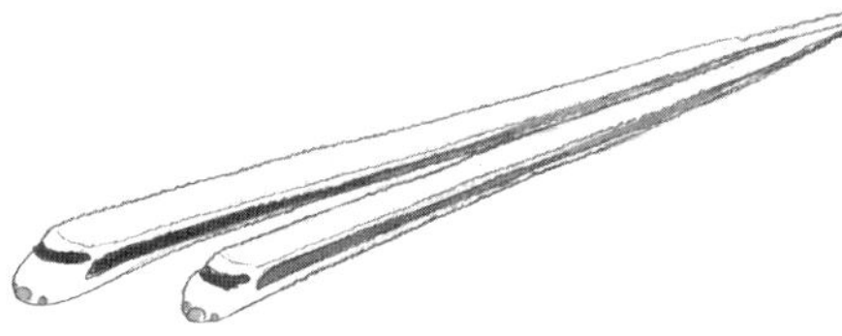

駅弁タオル

2100円　東京駅ステーションギャラリー
復原工事が完成した東京駅赤煉瓦駅舎にあるギャラリー。ミュージアムショップには駅や電車に関するグッズが多数販売されているので、ぜひ立ち寄ろう。なかでも駅弁型のタオルはユニーク。(→p98)

新幹線箸

近頃よく見かけるようになったのが、電車の形をした箸「ハシ鉄」。0系、500系、700系、ドクターイエロー、はやぶさ、JR以外にも阪急電車など種類豊富。駅弁を食べるとき用のマイ箸として旅のお伴にもいいかも。

駅弁女子 5
コラム
Ekibengirl

崎陽軒横浜工場
横浜市都筑区川向町675-1
☎045-472-5890
(見学予約受付＝
年中無休 8:00 〜 18:00)
見学は水木金土の
10:30 〜・13:00 〜、各約90分。

駅弁工場見学

大人気の秘密を探るべく、崎陽軒横浜工場へシウマイづくりの見学に行ってきた。まずは予約が大変。3カ月前の月の1日から予約開始だが、人気殺到ですぐに満員になる。

当日はスクリーンを見ながら、歴史と製造工程の概要をお勉強して、実際の製造工程を見学。最初から驚いたのが、一日約80万粒という膨大な生産数と、発売以来の変わらないシンプルなレシピ。製造の一連の作業は、凄まじく働き者の、独自のハイテクロボットたちによって行われる。合理的に頑張っているはずなのに、どこかユーモラスな人間っぽい動きがおもしろい。調合された練り肉は、0.3ミリの厚さに延ばした皮に、手作業を再現した成形機でふんわりと包まれる。大きな蒸し機で一気に蒸し上げ、冷却してから箱詰め・包装まで自動作業。

地元横浜工場では仕上げに手作業で紐を掛けている。社員全員が紐掛けができて、数名いるという名人級は1分間に300箱という驚異の早業だそう。

最後のお楽しみは蒸したてシウマイの試食！ 本当の出来たてをいただけるのはこの工場だけ。一味も二味もおいしく感じた。(→p8)

ホームの立ち売り

駅弁の老舗調製元には、ホームでの立ち売りから駅弁販売を始めたところが多く、特に北海道には現在も札幌駅立売商会、小樽駅構内立売商会、旭川駅立売株式会社など屋号にその名残が見られる。

わたしも子どもの頃は「弁当〜、弁当〜」という声とともにやってくる立ち売りさんにワクワクした記憶がある。しかし衰退の一途をたどり、見かけなくなって久しい。窓の開閉ができなくなったこと、駅周辺の飲食店や売店が充実したことなども理由ではないだろうか。

現在、実際に立ち売りしている駅はきわめて少なく、有名な折尾駅(福岡県)の立ち売りさんも平成24年に引退。森駅(北海道)ではいかめし阿部商店が、不定期ながら夏の間、アルバイトさんによって立ち売りをすることがあるという。

ちょっと開き直って、崎陽軒の工場見学の際、東海道線を模した電車の書き割りをバックに、立ち売り&シウマイ娘のマネキンと一緒に記念撮影をパチリ。昔は窓越しに販売していたため、窓の高さに合わせて身長にも制限があったという。今では嘘のようだが、当初シウマイは一日に10〜30箱しか売れなかった。飛躍的に売り上げを伸ばしたのは昭和25年に登場した「シウマイ娘」のおかげ。横浜駅ホームで赤いチャイナ服にたすきをかけ、手籠で販売していた。当時は歩合制だったので、みなはりきって売り上げをのばし、そのヒットを機にシウマイ弁当が誕生した。

こういう活気と、短い乗降時間のつかの間の楽しいやりとり。またどこかの駅で復活してほしいと願っている。

駅弁女子 6
コラム
Ekibengirl

駅弁女子 7

コラム

Ekibengirl

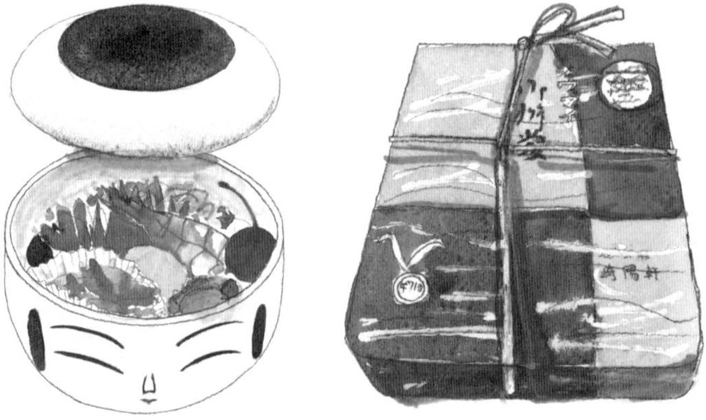

消える駅弁、復刻する駅弁

わたしの出身地である東北はこけしになじみが深く、むかしから伝統こけしの頭をかたどった陶器入りの駅弁がいくつかあった。こどもの頃、普通に実家で容器を再利用していた記憶もある。しかし盛岡駅の「みちのくこけし弁当」、仙台駅のごもく弁当「こけしのふる里」と徐々に姿を消し、平成24年春には山形駅の「花笠こけし弁当」（森弁当部）までも販売を中止してしまった。東北4大祭りのひとつである山形花笠まつりをイメージしていて、まさにこけしが花笠をかぶっているような華やかな盛り付けだった。

逆に高崎の「復古だるま弁当」のように、一度販売をやめてしまった駅弁が再びよみがえることもある。赤いプラスチック容器で知られる「だるま弁当」だが、発売当時の昭和35年には瀬戸焼き物の容器を使用していた。それを平成版として復活させ、「復古」とした。（→p11）

また通年とはいかなくても、期間限定やイベント時に顔を見せる駅弁もある。崎陽軒の「シウマイ弁当」復刻版などだ。消えてしまった駅弁にまた会える日があるかもしれない。

駅弁と鉄道の博物館

蒸気機関車が迎えてくれる九州鉄道記念館は、門司港駅に隣接する立地の便利さと手頃な広さで、旅先での寄り道にちょうどよい。明治期から使われた実物の車両や展示物も見やすく、明るく楽しい雰囲気なのがいい。本格的なシミュレーターのほか、ヘッドマークなどレトロなパーツには、かわいいものがいろいろある。小さな一角だが、個性的な駅弁を展示したコーナーは、駅弁好きには見逃せない。

本格的な鉄道好きなら鉄道博物館へ。ここでは2カ所の売店で駅弁を買うことができ、それを屋内外のフリーのテーブル席や、展示されている電車内で食べられる。1Fのフレンドリートレインには2両の車両と、鉄博広場にはランチトレイン4両の車両がある。実際に旅をしているような気分に浸れる。

九州鉄道記念館
福岡県北九州市門司区清滝2-3　☎093-321-4151

鉄道博物館
さいたま市大宮区大成町3-47　☎048-651-0088

駅弁売店2カ所の予約などは日本食堂へ。
売り切れ次第終了。早仕舞いすることもある。
☎048-653-6263/平日11:00 ～ 15:00/土日祝10:30 ～ 15:00

駅弁女子 8
コラム
Ekibengirl

おわりに

日本の文化、地方の個性が薄れゆく昨今。そんな時代に駅弁はまだまだ地方色を発揮している。その土地でしかとれない食材を、その土地に古くから伝わる方法で調理して、最大限の魅力と味を引き出す。旬のものが加われば、いっそう味わい深い。いわば食文化の地方代表選手。こんなに小さな箱に丹誠込めた料理を詰め込むなんて、日本人ならではの繊細な感性だ。はじめての土地を知る手がかりにもなるし、自分の生まれ故郷の味を確認することもできる。

駅弁はそもそも冷めていることもあり、すごくおいしい！　というものばかりじゃない。でも、それを補う工夫や知恵、手間、愛がいっぱい込められている。おおらかな気持ちで向き合いたい。種類の多い大きな駅ではきれいなの、ヘルシーなの、ガッツリなの、おもしろいの、自分好みのものを選び、小さな駅では予約するのもいい。偶然の出会いも旅の楽しみのひとつだ。

いつ食べようか？　行きか、途中か、帰りか、お土産か。誰と食べようか？　一人で食べてよし、仲間と食べてよし、恋人と食べてよし。駅弁は旅先と旅先、人と人を結ぶ心の架け橋だ。

しかし掲載にあたって、ここ数年の間にも廃業した調製元があることがわかり、見送った駅弁もいくつかある。なくなった駅弁を思うと、旅の思い出までちょっと悲しい色を帯びる。駅弁がもてはやされ、新作がぞくぞくと発売されるなか、ローカル線は廃線の危機に立ち、駅弁屋もまた風前の灯のところがあるのも事実だ。ぜひ電車に乗って、駅弁を食べて、日本全国を元気にしたい！　そんなパワーがあるのが女子ってものでしょ。これからも食べて食べて食べつづけよう。

さいごに、この本は月刊『なごみ』で2011年に連載した「駅弁買ってどこいこう」をもとに、新たにイラストを描きおこしたものです。編集担当の平間素子さんはじめ淡交社のみなさま、協力してくださった東京電機大学大学院生の武藤舞さん、素敵な本にしてくださった横須賀拓さん、本当にありがとうございました。

なかだえり

駅弁女子　**索引&駅弁リスト**

あ

あなごめし　広島県｜宮島口駅｜1470円｜うえの｜0829-56-0006　……085

炙り金目鯛と小鯵押寿司　神奈川県｜小田原駅ほか｜1300円｜東華軒｜0465-47-1186　……029

甘海老天丼　新潟県｜直江津駅｜1000 円｜ホテルハイマート｜025-543-3151｜(要予約)　……026

網焼き牛たん弁当　宮城県｜仙台駅ほか｜1000円｜こばやし｜022-293-1661　……038

鮎ずし　熊本県｜人吉駅｜900円｜人吉駅弁やまぐち｜0966-22-5235　……028

アンパンマン弁当　香川県｜高松駅｜1100円｜高松駅弁｜087-851-7711｜(要予約)　……047

いかすみ弁当黒めし　鳥取県｜鳥取駅｜ 1100 円｜アベ鳥取堂｜0857-26-1311　……027

いかめし　北海道｜森駅ほか｜500円｜いかめし阿部商店｜01374-2-2256　……013

岩魚ずし　長野県｜塩尻駅・松本駅｜840円｜カワカミ｜0263-52-1234　……077

印籠弁当　茨城県｜大洗駅｜1000円｜万年屋｜029-267-5104　……044

E5系はやぶさ弁当　青森県｜八戸駅・新幹線はやて車内｜1150円｜吉田屋｜0178-27-4554　……049

雲丹わっぱめし　北海道｜東京駅「駅弁屋 祭」ほか｜1000円
札幌バルナバフーズ｜0123-49-3366　……101

えび千両ちらし　新潟県｜新潟駅ほか｜1200円｜新発田三新軒｜0250-21-6220　……014

SL磐越弁当　新潟県｜SLばんえつ物語車内｜1200円
新潟三新軒｜025-244-1252｜(要予約)　……048

SLべんとう　埼玉県｜パレオエクスプレス車内｜700円
秩鉄商事｜048-525-2283｜(要予約)　……057

SLロクイチ物語　群馬県｜高崎駅｜900円｜高崎弁当｜027-322-1235　……048

N700系新幹線弁当　兵庫県｜1050円｜淡路屋｜078-431-1682｜(要予約)　……049

近江牛大入飯(ハイカラ風味)　滋賀県｜米原駅・長浜駅｜1000円｜井筒屋｜0749-52-0006　……039

近江牛としょいめし　滋賀県｜米原駅ほか｜1300円｜井筒屋｜0749-52-0006　……042

おかめ弁当　兵庫県｜姫路駅｜870円｜まねき食品｜079-224-0251　……046

おたる海の輝き　北海道｜小樽駅｜1260円｜小樽駅構内立売商会｜0134-23-5281　……030

お贄寿し　石川県｜金沢駅｜600円｜大友楼｜076-221-1758　……028

お遍路さん弁当　香川県｜高松駅｜950円｜高松駅弁｜087-851-7711　……089

か

柿の葉すし　奈良県　……033

かくしずし　岡山県｜岡山駅｜1050円｜せとうち味倶楽部
086-232-6667｜土日のみ・平日(要予約)　……045

鹿児島産黒豚炭火焼弁当　鹿児島県｜出水駅ほか｜950円｜松栄軒｜0996-62-0617｜(要予約)　……037

かしわめし	福岡県｜折尾駅ほか｜750円｜東筑軒｜093-601-2345	……020・035
かしわめし	福岡県｜門司港駅｜298円｜北九州駅弁当｜093-531-9271	……035
かつおたたき弁当	高知県｜高知駅｜1050円｜仕出しのあんどう｜088-883-1000	……090
かにすし	石川県｜加賀温泉駅ほか｜1000円 高野商店｜0761-72-3311｜季節限定（10月～4月末）	……025
かにずし	新潟県｜越後湯沢駅｜900円｜川岳軒｜025-783-2004	……025
かにめし	岩手県｜一ノ関駅｜1000円｜あべちう｜0191-23-2490	……024
かにめし	福井県｜福井駅ほか｜1100円｜番匠本店｜0776-57-0849	……024
元祖たこむす	大阪府｜新大阪駅・大阪駅｜5個入り680円｜あじみ屋｜0120-41-3000	……040
九州新幹線さくら弁当	福岡県｜博多駅ほか｜1150円｜北九州駅弁当｜093-531-9271	……049
牛肉どまん中	山形県｜米沢駅・山形新幹線車内｜1100円｜新杵屋｜0238-22-1311	……038
923形ドクターイエロー弁当	兵庫県｜1050円｜淡路屋｜078-431-1682｜要予約	……049
玉宝	石川県｜七尾駅｜5個入550円/7個入900円｜松乃鮨｜0767-53-0053	……029
黒酢豚あんかけ	新潟県｜新潟駅・新津駅｜1050円｜神尾商事｜0250-22-5511	……037
高原野菜とカツの弁当	山梨県｜小淵沢駅・茅野駅｜850円｜丸政｜0551-36-2521	……035
甲州とりもつべんとう	山梨県｜甲府駅｜880円｜丸政｜0551-36-2521	……041・081
甲州ワインで育った 「牛と豚の弁当」	山梨県｜小淵沢駅ほか｜1100円｜丸政｜0551-36-2521	……043・081
神戸ワイン弁当	兵庫県｜駅弁大会｜1600円｜淡路屋｜078-431-1682	……113
ごきげんべんとう	島根県｜松江駅｜1500円｜一文字家｜0852-22-3755｜要予約	……113

さ

佐賀名産特製ちらし寿司	佐賀県｜佐賀駅｜1260円｜あら玉｜0952-31-1212｜要予約	……031
ささむすび	栃木県｜東武日光駅｜5個入750円｜日光鱒鮨本舗｜0288-26-6550	……033・073
賛否両論弁当	東京都｜東京駅ノースコート「ニッポンの駅弁」｜1500円 日本レストランエンタプライズ｜03-3213-4352	……101
山陰鳥取かにめし	鳥取県｜鳥取駅｜1100円｜アベ鳥取堂｜0857-26-1311	……019・025
山陰名物蟹寿し	鳥取県｜駅弁大会ほか｜950円｜吾左衛門寿し本舗｜0859-26-1511	……025
三陸海の子	岩手県｜一ノ関駅｜1000 円｜斎藤松月堂｜0191-26-3000	……027
シウマイ弁当	神奈川県｜横浜駅･関東一円｜750円｜崎陽軒｜0120-882-380	……008
信楽焼　山菜松茸と祭寿司	滋賀県｜草津駅｜1500円｜南洋軒｜077-564-4649｜要予約	……043
島根牛みそ玉丼	島根県｜松江駅｜950円｜一文字家｜0852-22-3755	……039
しゃもじかきめし	広島県｜広島駅｜1050円 広島駅弁当｜082-286-0181｜季節限定（10月～3月頃）	……047・085
純系名古屋コーチンとりめし	愛知県｜名古屋駅｜924円｜名古屋だるま｜052-452-2101	……035
しらす弁当	静岡県｜浜松駅｜1000円｜自笑亭｜053-442-2121	……044
瀬戸の押寿司	愛媛県｜今治駅｜1260円｜二葉｜0898-22-1859	……033
ソースかつ棒	福井県｜福井駅｜840円｜番匠本店｜0776-57-0849	……041

た

鯛の舞	福井県｜敦賀駅｜1350円｜塩荘｜0770-23-3484｜要予約	……032
大名弁当	東京都・神奈川県｜小田急ロマンスカー車内｜1300円 小田急レストランシステム｜03-3465-6833｜要予約	……061
鯛めし弁当	神奈川県｜横浜駅・神奈川エリア限定｜680円｜崎陽軒｜0120-882-380	……027
忠勝弁当	千葉県｜大原駅｜1000円｜傘屋商店｜0470-86-3535｜要予約	……037・065
だるまのみそかつヒレ重	愛知県｜名古屋駅｜924円｜名古屋だるま｜052-452-2101	……036
だるま弁当	群馬県｜高崎駅ほか｜900円｜高崎弁当｜027-3322-1235	……010
チキン弁当	東京都｜東京駅ほか構内売店｜800円 日本レストランエンタプライズ｜03-3213-4352	……100
千葉寿司街道「鯵」	千葉県｜千葉駅｜680円｜万葉軒｜043-224-0666｜要予約	……033
伝承　鯵の押寿し	神奈川県｜大船駅｜8貫1200円｜大船軒｜0467-44-2005	……028
東京弁当	東京都｜東京駅｜1600円 日本レストランエンタプライズ｜03-3213-4352	……021・100
峠の釜めし	群馬県｜横川サービスエリアほか｜900円 峠の釜めし本舗おぎのや｜027-395-2311	……104
特製鯛めし	静岡県｜静岡駅｜760円｜東海軒｜054-287-5171	……026
どまん中百選 牛肉どまん中&海鮮どまん中	東京都｜東京駅「駅弁屋 祭」｜1300円｜新杵屋｜0238-22-1311	……043
鶏めし	秋田県｜大館駅・東能代駅｜850円｜花善｜0186-43-0870	……034
鶏めし弁当	群馬県｜高崎駅ほか｜800円｜高崎弁当｜027-322-1235	……034
トロッコ弁当	群馬県｜神戸駅・わたらせ渓谷号車内｜900円 レストラン清流｜0277-97-3681 要予約	……053

な

なにわ満載	大阪府｜新大阪駅ほか・東海道新幹線車内｜1000円 ジェイアール東海パッセンジャーズ｜03-3231-0253	……040
にしんかずのこさけいくら	新潟県｜長岡駅｜1050円｜池田屋｜0258-33-2430	……043
野沢菜入りかつサンド	山梨県｜茅野駅｜600円｜丸政｜0551-36-2521	……036

は

ばらずし	京都府｜京都駅ほか｜840円｜とり松｜0772-72-0429	……030
飛驒牛しぐれ寿司	岐阜県｜高山駅｜1200円｜金亀館｜0577-32-0184	……039
ひっぱりだこ飯	兵庫県｜新神戸駅・西明石駅ほか｜980円｜淡路屋｜078-431-1682	……016
ひつまぶし	静岡県｜浜松駅｜1600円｜自笑亭｜053-442-2121	……045
平泉うにごはん	岩手県｜一ノ関駅ほか｜1000円｜斎藤松月堂｜0191-26-3000	……018

ヒレかつとたまごの
ポケットサンド　東京都｜東京駅グランスタ｜470円｜とんかつまい泉｜0120-412-955 ……101
夫婦釜めし　新潟県｜糸魚川駅｜1300円｜たかせ｜025-552-0014 ……042
福島牛牛めし　福島県｜郡山駅｜1000円｜福豆屋｜024-956-0050 ……038
ふく寿司　山口県｜新山口駅・新下関駅｜840円｜小郡駅弁当｜083-973-0126 ……046
富士宮やきそば弁当　静岡県｜新富士駅・富士宮駅｜980円｜富陽軒｜0545-61-2835 ……041
復古だるま弁当　群馬県｜高崎駅｜1300円｜高崎弁当｜027-322-1235｜(要予約) ……011
ぶりかまステーキ弁当　富山県｜東京駅「駅弁屋 祭」｜980円
ますのすし本舗源｜01230-29-3104｜(季節限定)(11月中旬～4月下旬) ……101
ぶりかまめし　富山県｜富山駅・高岡駅｜980円
ますのすし本舗源｜(季節限定)(10月中旬～3月中旬)｜0120-29-3104 ……044
ぶりのすし(さんかくすし)　富山県｜高山駅・高岡駅｜180円｜ますのすし本舗源｜0120-29-3104 ……032

ま

まさかいくらなんでも寿司　新潟県｜新潟駅ほか｜1050円｜新発田三新軒｜0250-22-1111 ……029
ますのすし(さんかくすし)　富山県｜富山駅・高岡駅｜140円｜ますのすし本舗源｜0120-29-3104 ……032
松山鮨　愛媛県｜松山駅｜980円｜鈴木弁当店｜089-984-2100 ……031
港あじ鮨　静岡県｜沼津駅・三島駅｜880円｜桃中軒｜055-963-0154 ……029
めんたいこ付き弁当　福岡県｜博多駅｜1050円｜北九州駅弁当｜093-531-9271 ……045
桃太郎の祭ずし　岡山県｜岡山駅｜1000円｜三好野本店｜086-200-1717 ……047

や

焼漬鮭ほぐし　新潟県｜新津駅・新潟駅｜1050円｜三新軒｜0250-22-1111 ……027
やきはま丼　千葉県｜千葉駅｜1100円｜万葉軒｜043-224-0666 ｜土日のみ ……012
やまと豚弁当　栃木県｜神戸駅｜1000円｜レストラン清流｜0277-97-3681(要予約) ……037
ゆばちらし寿司　栃木県｜東武日光駅｜850円｜油源｜0288-54-1627 ……031・073
米沢牛炭火焼特上カルビ弁当　山形県｜米沢駅ほか｜1500円｜松川弁当店｜0238-29-0141 ……039

ら

龍馬弁　高知県｜高知駅｜1000円｜仕出しのあんどう｜088-883-1000 ……090

お茶
茶
ほーっ

なかだえり

1974年、岩手県一関市生まれ。日本大学生産工学部建築工学科卒、法政大学工学部建築学科修士課程修了。現在、東京・千住におよそ200年前に建てられたといわれる「蔵」をアトリエとし、フリーランスでイラスト、執筆、建築設計など多分野で活動中。
著書に『東京さんぽるぽ』(集英社、2010年)、『奇跡の一本松〜大津波をのりこえて』(汐文社、2011年)などがある。
建築を学ぶ大学生時代に遊廓建築を見て衝撃を受け、修士論文のために研究して以来、全国の遊廓めぐりをライフワークとしている。観光客がいない土地や、ローカル線に乗ることが多く、いつしかそこで出合う駅弁の魅力にもひかれるようになった。駅弁を開けるとき、地方の風を感じる瞬間が好き。
www.nakadaeri.com

駅弁女子

日本全国旅して食べて

平成25年4月8日　初版発行

著　者　なかだえり

発行者　納屋嘉人

発行所　株式会社 淡交社

〔本社〕〒603-8588 京都市北区堀川通鞍馬口上ル

営業 075-432-5151

編集 075-432-5161

〔支社〕〒162-0061 東京都新宿区市谷柳町 39-1

営業 03-5269-7941

編集 03-5269-1691

http／／www.tankosha.co.jp

ブックデザイン　横須賀 拓

印刷製本　図書印刷株式会社

ISBN978-4-473-03870-8